★ 适合9至10岁 ★

慧眼观天下

HUIYAN GUAN TIANXIA

主 编 孙传文

上海教育出版社
SHANGHAI EDUCATIONAL PUBLISHING HOUSE

名家寄语

学习语文，不能只读语文课本，还必须广泛阅读。

广泛阅读，可以提高阅读理解力；

广泛阅读，可以丰富知识，开阔视野；

广泛阅读，可以提升思维力、鉴赏力；

广泛阅读，可以促进人的精神成长。

新编的"语文主题学习"读本，包括古诗文经典诵读、优秀作品专题阅读和整本书阅读，是落实课内外阅读一体化的优质资源。

捧起这套读本读起来，你会越来越享受阅读，你的一生一定会因为阅读而精彩！

崔峦

用阅读滋养你的心灵，
让你变得聪明善良，独特，
宽厚，更富想象力和创造力。

谢倩霓

发现美，学会爱，表达自己，
在阅读和写作中不断进步！

王一梅

閲讀是開啓美
好人生的鑰匙

趙麗宏
庚子九月

为自己读书
为美好读书

肖复兴
庚子岁末

读经典的书
做优秀的人

陈晖

幻想，从现实起飞

刘慈欣

目录

经典诵读

专题阅读一

组文阅读

自由阅读

专题阅读二

范文阅读

组文阅读

自由阅读

整本书阅读

经典
诵读

诵读经典，对话圣贤。中华文化源远流长、博大精深，让我们循着先贤的足迹，去探索世界，去找寻万里河山的广阔，去感受千年汉字的韵味之美……

扫码收听朗诵音频

1 新　晴[①]

bān
［宋］刘攽

青苔[②]满地初晴后，

绿树无人昼梦余。

唯有南风旧相识，

偷开门户又翻书。

注　释

① 新晴：天刚放晴。

② 青苔：苔藓。

下雨后天转晴了，满地长出了茸茸的青苔；白天小睡醒来，看到树叶比平日更加浓绿，四周无人，一片静谧。只有我的老朋友南风怕我寂寞，偷偷地打开门进到屋里又翻开了我的书。

扫码收听朗诵音频

② 精　卫

［宋］王安石

帝子[①]衔冤[②]久未平，

区区[③]微意欲何成？

情知[④]木石无云补，

待见桑田几变更。

注释

① 帝子：这里指炎帝的小女儿女娃。
② 衔冤：即含冤。
③ 区区：微小。
④ 情知：深知，明知。

炎帝的小女儿沉没于东海，她含冤而死久久没有昭雪，这一点微不足道的心愿怎样才能实现呢？明明知道衔来的那些微小的树枝和石子对填平东海无济于事，但还是持之以恒，定要看何时把沧海变成桑田。

扫码收听朗诵音频

3 嫦 娥[①]

［明］边贡

月宫秋冷桂团团[②]，
岁岁花开只自攀。
共在人间说天上，
不知天上忆人间。

注 释

① 嫦娥：也称恒娥、姮（héng）娥，神话人物。传说她是后羿（yì）的妻子，因偷吃了丈夫的长生药，奔上月宫，成为仙女。
② 团团：这里指枝叶茂盛，一簇簇聚集在一起的样子。

译文

秋季天高气清，月宫里，桂树枝叶繁茂团团簇簇，虽然年年秋天桂花盛开，（嫦娥）却只能独自一人攀摘。在人间人们都仰慕天上的生活，却不知道天上的神仙在回忆美好的人间。

扫码收听朗诵音频

④ 十五夜观灯

［唐］卢照邻

锦里①开芳宴②，兰缸③艳早年。

缛彩④遥分地，繁光远缀天。

接汉⑤疑星落，依楼似月悬。

别有千金笑，来映九枝⑥前。

注释

① 锦里：此处为成都的代称。

② 开芳宴：始于唐代的一种习俗，由夫妇中的男方主办，活动内容一般为夫妻对坐进行宴饮或赏乐。

③ 兰缸：指燃烧兰膏的灯，也用以比喻精致的灯具。

④ 缛彩：绚丽的色彩。

⑤ 汉：天河，银河。

⑥ 九枝：一种古代的灯，这里指彩灯。

在色彩华丽的灯光里，夫妻举办芳宴玩乐庆祝，精致的灯具下，年轻人显得更加光鲜艳丽。灯光绚丽的色彩遥遥看来好像分开了大地，繁多的灯火远远地点缀着天际。连接天河的灯光烟火好像是星星坠落下来，靠着高楼的灯似乎是月亮悬挂于空中。还有美丽女子美好的笑容映照在九枝的灯光下。

扫码收听朗诵音频

⑤ 刻舟求剑

《吕氏春秋》

楚人有涉①江者②，其剑自舟中坠于水，遽(jù)③契(qì)④其舟，曰：“是⑤吾剑之所从坠⑥。”舟止，从其所契者入水求之。**舟已行矣，而剑不行，求剑若此⑦，不亦惑乎**⑧？

注 释

① 涉：过，渡。
② 者：……的人。
③ 遽：急忙，立刻。
④ 契：用刀雕刻，刻。
⑤ 是：这儿。
⑥ 所从坠：剑落下的地方。
⑦ 若此：像这样。
⑧ 不亦惑乎：不是很糊涂吗？惑，愚蠢，糊涂。

楚国有个渡江的人，他的剑从船上掉入水中，他急忙在船上剑掉下去的地方刻了个记号，说：“这儿是我的剑掉下去的地方。”船停下来后，他便从自己刻记号的地方下水去寻找剑。船已经向前走了，而剑没有移动，像这样找剑，岂不是太糊涂了吗？

6 论语（节选）

子曰：“君子[1]食无求饱，居无求安，敏于事而慎于言，就有道而正焉，可谓好学也已。”

注释

① 君子：在这里指有道德的人。

孔子说：“君子在饮食方面不要过分追求饱足，在居住条件方面不要过分追求安逸，对于事情的判断处置要勤劳敏捷，对于自己的言语要谨慎小心，按照道的准则来匡正自己，这就可以说得上是好学的表现了。”

观察之趣

俗话说：欲要看究竟，处处细留心。只要我们留心观察，就会发现世间万物多姿多彩，在获得乐趣的同时学会用心思考，才能得到启示，收获学问。

读读这个专题的文章，体会其准确生动的表达，看看作者是如何仔细观察和连续观察的。让我们养成观察的习惯，并把观察所得记录下来，做一个热爱生活的观察者吧！

范文阅读

① 登飞来峰

[宋] 王安石

飞来山上千寻[①]塔，
闻说鸡鸣见日升。
不畏浮云遮望眼，
自缘身在最高层。

因为诗人观察时站的位置高，所以能够望得远。从中也可看出，诗人是一个胸怀大志、对前途充满信心的人。

注释

① 千寻：形容飞来峰和峰顶之塔很高。寻，古代长度单位，八尺为一寻。

飞来山上有高塔，听说鸡鸣时就可在塔上看见日出。我不怕浮云遮挡住我的视线，因为我正站在最高层。

② 游山西村

［宋］陆游

我们从诗人游览过程中看到的景象，可以得到这样的启示：逆境和挫折中往往蕴含着无限的希望啊！

莫笑农家腊酒[1]浑，丰年留客足鸡豚。
山重水复疑无路，柳暗花明又一村。
箫鼓追随春社[2]近，衣冠简朴古风存。
从今若许闲乘月，拄杖无时夜叩门。

注释

① 腊酒：腊月所酿的酒。
② 春社：古代农家在春天祈求丰收的节日。

不要笑话种田人家酿的酒浑浊，在丰收的年景，他们会用丰盛的菜肴来款待客人。翻过一重又一重山坡，蹚过一道又一道溪水，我怀疑我迷了路，那村子忽然出现在茂密的柳林、明艳的花丛中。农家人吹箫击鼓，奏着乐一队紧随一队，热烈庆祝即将到来的春社。人们穿着简单朴素，保存着古老的风俗。今后像这样有空闲时，我将趁着月色、拄着手杖，随时敲响你们的家门。

③ 雪梅（其二）

［宋］卢钺

有梅无雪不精神①，
有雪无诗俗了人②。
日暮诗成天又雪，
与梅并作十分春。

看到雪天里绽放的梅花，诗人触景生情，有感而发。本诗既有情趣又含哲理，值得我们好好咏思。

注释

① 精神：神采，韵味。
② 俗了人：使人感到俗气，不高雅。

只有梅花的清香而没有白雪的衬托，就显不出梅花的风姿神韵。有雪有梅而没有诗歌助兴，也会让人感到单调俗气。黄昏时分，新诗作成，又逢天降瑞雪，梅雪交相辉映，香色俱全，显出十分的春色。

4 牵牛花

叶圣陶

手种牵牛花，接连有三四年了。水门汀(tīng)地没法下种，种在十来个瓦盆里。泥是今年又明年反复用着的，无从取得新的泥来加入，曾与铁路轨道旁种地的那个北方人商量，愿出钱向他买一点儿，他不肯。

从城隍庙的花店里买了一包过磷酸骨粉，掺和在每一盆泥里，这算代替了新泥。

瓦盆排列在墙脚，从墙头垂下十条麻线，每两条距离七八寸，让牵牛的藤蔓(wàn)缠绕上去。这是今年的新计划，往年是把瓦盆摆在三尺光景高的木架子上的。这样，藤蔓很容易爬到了墙头；随后长出来的互相纠缠着，因自身的重量倒垂下来，但末梢的嫩条便又蛇头一般仰起，向上伸，与别组的嫩条纠缠，待不胜重量时重演那老

在作者的眼中，藤蔓就像一个活泼的孩子。

把戏。因此墙头往往堆积着繁密的叶和花，与墙腰的部分不相称。今年从墙脚爬起，沿墙多了三尺光景的路程，或者会好一点儿；而且，这就将有一垛完全是叶和花的墙。

藤蔓从两瓣子叶中间引伸出来以后，不到一个月工夫，爬得最快的几株将要齐墙头了，每一个叶柄处生一个花蕾，像谷粒那么大，便转黄萎去。据几年来的经验，知道起头的一批花蕾是开不出来的；到后来发育更见旺盛，新的叶蔓比近根部的肥大，那时的花蕾才开得成。

从“不到一个月工夫”“据几年来的经验”可以看出，作者做了连续、长期的观察。

今年的叶格外绿，绿得鲜明；又格外厚，仿佛丝绒剪成的。这自然是过磷酸骨粉的功效。他日花开，可以推知将比往年的盛大。

但兴趣并不专在看花，种了这小东西，庭中就成为系人心情的所在，早上才起，工毕回来，不觉总要在那里小立一会儿。那藤蔓缠着麻线卷上去，嫩绿的头看在仔细观察的同时还得连续观察，否则就会错过很多精彩。

似静止的，并不动弹；实际却无时不回旋向上，在先朝这边，停一歇再看，它便朝那边了。前一晚只是绿豆般大一粒嫩头，早起看时，便已透出二三寸长的新条，缀一两张长满细白茸毛的小叶子，叶柄处是仅能辨认形状的小花蕾，而末梢又有了绿豆般大一粒嫩头。有时认着墙上的斑驳痕想，明天未必便爬到那里吧；但出乎意外，明晨竟爬到了斑驳痕之上。好努力的一夜功夫！“生之力”不可得见；在这样小立静观的当儿，却默契了“生之力”了。渐渐地，浑忘意想，复何言说，只呆对着这一墙绿叶。

即使没有花，兴趣未尝短少；何况他日花开，将比往年盛大呢。

⑤ 神奇的丝瓜

季羡林

今年春天，孩子们在房前空地上，斩草挖土，开辟出来了一个一丈见方的小花园。周围用竹竿扎了一个篱笆，移来了一棵玉兰花树，栽上了几株月季花，又在竹篱下面随意种上了几棵扁豆和两棵丝瓜。土壤并不肥沃，虽然也铺上了一层河泥，但估计不会起很大的作用，大家不过是玩玩而已。

过了不久，丝瓜竟然长了出来，而且日益茁壮、长大。这当然增加了我们的兴趣。但是，我们也并没有过高的期望。我自己每天早晨工作疲倦了，常到屋旁的小土山上走一走，站一站，看看墙外马路上的车水马龙和亚运会招展的彩旗，顾而乐之，只不过顺便看一看丝瓜罢了。

这句话表明"我们"对丝瓜的态度发生了细微的变化。

留心事物每一天的变化，可以收获不一样的乐趣。

丝瓜是普通的植物，我也并没有想到会有什么神奇之处。可是忽然有一天，我发现丝瓜秧爬出了篱笆，爬上了楼墙。以后，每天看丝瓜，总比前一天向楼上爬了一大段；最后竟从一楼爬上了二楼，又从二楼爬上了三楼。说它每天长出半尺，绝非夸大之词。丝瓜的秧不过像细绳一般粗，如不注意，连它的根在什么地方都找不到。这样细的一根秧竟能在一夜之间输送这样多的水分和养料，供应前方，使得上面的叶子长得又肥又绿，爬在灰白色墙上，一片浓绿，给土墙增添了无限活力与生机。

这当然让我感到很惊奇，我的兴趣随之大大地提高。每天早晨看丝瓜成了我的主要任务，爬小山反而成为次要的了。我往往注视着细细的瓜秧和浓绿的瓜叶，陷入沉思，想得很远、很远……

又过了几天，丝瓜开出了黄花。再过几天，有的黄花就变成了小小的绿色的瓜。瓜越长越长，越长越大，重量当然也越来越增加，最初长出的那一个小瓜竟把瓜秧坠下来了一点，直挺挺地悬垂在空中，随风摇摆。我真是替它担心，生怕它经不住这一份重量，会整个地从楼上坠了下来落到地上。

然而不久就证明了，我这种担心是多余的。最初长出来的瓜不再长大，仿佛得到命令停止了生长。在上面，在三楼一位102岁的老太太的窗台上，却长出来两个瓜。这两个瓜后来居上，发疯似的猛长，不久就长成了小孩胳膊一般粗了。这两个瓜加起来恐怕有五六斤重，那一根细秧怎么能承担得住呢？我又担心起来。没过几天，事实又证明了我是杞人忧天。两个瓜不知在什么时候忽然弯了起来，把躯体放在老太太的窗台上，从下面看上去，活像两个粗大弯曲的绿色牛角。

不知道从哪一天起，我忽然又发现，在两个大瓜的下面，在二三楼之间，在一根细秧的顶端，又长出来了一个瓜，垂直

这么小的瓜，如果不仔细观察是看不到的。

地悬在那里。我又犯了担心病：这个瓜上面够不到窗台，下面也是空空的；总有一天，它越长越大，会把上面的两个大瓜也坠了下来，一起坠到地上，落叶归根，同它的根部聚合在一起。

从“抬头看”“看看地上”“倒退几步抬头再看”，我们仿佛看到了作者观察的样子和过程。

然而今天早晨，我却看到了奇迹。同往日一样，我习惯地抬头看瓜：下面最小的那一个早已停止生长，孤零零地悬在空中，似乎一点分量都没有；上面老太太窗台上那两个大的，似乎长得更大了，威武雄壮地压在窗台上；中间的那一个却不见了。我看看地上，没有看到掉下来的瓜。等我倒退几步抬头再看时，却看到了那一个我认为失踪了的瓜，平着身子躺在抗震加固时筑上的紧靠楼墙凸出的一个台子上。这真是让我大吃一惊。这样一个原来垂直悬在空中的瓜怎么忽然平身躺在那里了呢？这个凸出的台子无论是从上面还是从下面都是无法上去的，决不会有人把丝瓜摆平的。

我百思不得其解，徘徊在丝瓜下面。我仿佛觉得这棵丝瓜有了思想，它不仅能考虑问题，而且有行动，它能让无法承担重量的瓜停止生长；它能给处在有利地形的大瓜找到承担重量的地方，给这样的瓜特殊待遇，让它们疯狂地长；它能让悬垂的瓜平身躺下。如果不是这样的话，无论如何也无法解释我上面谈到的现象。但是，如果真是这样的话，又实在令人难以置信。丝瓜用什么来思想呢？丝瓜靠什么来指导自己的行动呢？上下数千年，纵横几万里，从来也没有人说过，丝瓜会有思想。我左考虑，右考虑，越考虑越糊涂。我无法同丝瓜对话，这是一个沉默的奇迹。瓜秧仿佛成了一根神秘的绳子，绿叶上照旧浓翠，扑人眉宇。我站在丝瓜下面，陷入梦幻。而丝瓜则似乎心中有数，无言静观，它怡然泰然悠然坦然，仿佛含笑面对秋阳。

作者通过长期细致的观察，体会到丝瓜的怡然、泰然、悠然、坦然。

⑥ 灰蝗虫（节选）

［法国］法布尔

我刚刚看到一件激动人心的事：一只蝗虫在最后蜕皮，成虫从幼虫的壳套中钻了出来。情景壮观极了。我观察的是一只灰蝗虫，是蝗虫族类中的巨人。9月葡萄收获季节在葡萄树上常常见到它。它的身体有一指长，所以比别的蝗虫观察起来方便得多。

你见过蝗虫的幼虫吗？在你的印象中，它是什么模样的？

幼虫肥胖难看，但已初具成虫的粗略模样，通常呈嫩绿色，但也有的是青绿色、淡黄色、红褐色，甚至有的已像成虫的那种灰色了。其前胸呈明显的流线型，并有圆齿，还有小的白点，多疣；后腿已像成年蝗虫一样粗壮有力，饰有红色纹路，而长长的前腿上长着双面锯齿。

鞘翅再过几天就将大大超过肚腹，但目前还只是两片不起眼的三角形小羽翼，上端贴在流线型前胸上，下端边缘往上翘起，呈尖形披檐状。鞘翅勉强能遮住裸体蝗虫背部，宛如西服的垂尾，因省料子而剪短不够长，显得十分难看。鞘翅遮盖着的是两条细长小带子，那是翅膀的胚芽，比鞘翅还要短小。

作者把不起眼的鞘翅描写得如此生动形象，看来是经过了细致的观察。

总之，很快将成为灵巧漂亮的羽翼，眼下还是两块为节省布料而剪得难看至极的破布头。从这堆破烂玩意儿里将有什么东西跑出来呢？是一对极其宽阔而美丽的翅膀。

咱们先仔细地观察一番事情的经过。幼虫感到自己已经成熟，可以蜕变之后，便用后足和关节部位抓住网纱。而前腿则收回，交叉在胸前待命，以支持背朝下躺着的成虫翻转身来。鞘翅的鞘——三角形小翼呈直角地张开其尖帆；那两条翅膀胚芽的细长小带子在暴露出的间隔处的中央竖起，并微微分开。这样，蜕皮的架势业已摆好，稳稳当当的。

首先必须让旧外套裂开。在前胸前端

下部，由于反复一张一缩，推动力便产生了。在颈部前端，也许在要裂开的外壳掩盖下的全身都在进行着这种一张一缩的反复运动。关节部位薄膜细薄，可以让人一眼看到在这些裸露地方的张缩运动，但前胸中央部位因有护甲挡着就看不出来了。

这是生命蜕变的过程，只有经过细致入微的观察，作者的描写才会如此活灵活现。请反复读读这一部分，感受生命的神奇。

蝗虫中央部位的血液在一涌一退地流动着。血液涌上时宛如液压打桩机一般一下一下地撞击着。血液的这种撞击，机体集中精力产生的这种喷射，使得外皮终于沿着因生命的精确预见而准备好的一条阻力最小的细线裂开。裂缝沿着整个前胸的流线体张开，宛如从两个对称部分的焊接线裂开一样。外套的其他部分都无法挣开，只有在这个比其他部位都薄弱的中间地带会裂开。裂缝稍稍往后延伸了一点，下到翅膀的连接处，然后再转到头部，直至触须底部，在此处分成左右短叉。

背部从这个裂口显露出来，软软的，苍白的，稍稍带点灰色。背部在缓慢地拱起，越拱越大，终于全拱出来了。

随后头也拱出来了。外壳被撇在原地，完好无损，但两只玻璃状的眼睛已什么也看不见了，样子极怪；触须的套子没有一丝皱纹，也未见任何异样，处于自然状态，垂在这张变成半透明的已无生气的脸上。

触须在从这么窄小又裹得如此紧的外套中钻出来时并没有遇到任何阻力，所以外套没有翻转过来，没有变形，连一点儿褶皱都没弄出来。触须的体积与外壳大小一样，而且同样是有节瘤的，可它并未损坏外壳，就轻易地从中钻了出来，如同一个光滑直溜儿的物件从一个宽大无障碍的管子里滑落出来一般。

（陈筱卿　译）

⑦ 蝉出地洞（节选）

［法国］法布尔

将近夏至时分，第一批蝉出现了。在人来人往、被太阳暴晒、被踩踏瓷实的一条条小路上，张开着一些能伸进大拇指、与地面持平的圆孔洞。这就是蝉的幼虫从地下深处爬回地面来变成蝉的出洞口。除了耕耘过的田地以外，几乎到处可见一些这样的洞。这些洞通常都在最热最干的地方，特别是在道旁路边。出洞的幼虫有锐利的工具，必要时可以穿透泥沙和干黏土，它们喜欢硬的地方。

作者观察如此细致，原来蝉的幼虫喜欢硬的地方啊！

我家花园的一条甬（yǒng）道由一堵朝南的墙反射阳光，被照得如同到了塞内加尔一样，那儿有许多蝉出洞时留下的圆洞口。六月的最后几天，我检查了这些刚被遗弃的井坑。地面土很硬，我得用镐来刨。

地洞口是圆的，直径约二点五厘米。在这些洞口的周围，没有一点儿浮土，没有一点儿推出洞外的土形成的小丘。事情十分清楚：蝉的洞不像粪金龟这帮挖掘工的洞，上面堆着一个小土堆。这种差异是二者的工作程序所决定的。食粪虫是从地面往地下掘进：它是先挖洞口，然后往下挖去，随即把浮土推到地面上来，堆成小丘。而蝉的幼虫则相反，它是从地下转到地上，最后才钻开洞口，而钻开洞口是最后一道工序，一钻开就不可能用来清理浮土了。食粪虫是挖土进洞，所以在洞口留下了一个类鼹(yǎn)鼠丘；而蝉的幼虫是从洞中出来，无法在尚未做成的洞口边堆积任何东西。

这里把食粪虫和蝉的幼虫挖洞的工序做比较，突出了蝉出地洞的方式特别。

蝉洞约深四分米。洞是圆柱形，因地势的关系而有点弯曲，但始终要靠近垂直线，这样路程是最短的。洞的上下完全畅通无阻。想在洞中找到挖掘时留下的浮土那是徒劳的，哪儿都见不着浮土。洞底是

原来昆虫的世界里有这么多的奥秘，我知道了蝉洞里的秘密。

个死胡同，成为一间稍微宽敞些的小屋，四壁光洁，没有任何与延伸的什么通道相连的迹象。

根据洞的长度和直径来看，挖出的土有将近两百立方厘米。挖出的土都跑哪儿去了呢？在干燥易碎的土中挖洞，洞坑和洞底小屋的四壁应该是粉末状的，如果只是钻孔而未做任何其他加工的话，容易塌方。可我却惊奇地发现洞壁表面被粉刷过，涂了一层泥浆。洞壁实际上并不是十分光洁，差得远了，但是，粗糙的表面被一层涂料盖住了。洞壁那易碎的土料浸上黏合剂，便被粘住不脱落了。

蝉的幼虫可以在地洞中来来回回，爬到靠近地面的地方，再下到洞底小屋，而带钩的足却未刮擦下土来，否则会堵塞通道，上去很难，回去不能。矿工用支柱和横梁支撑坑道四壁；地铁的建设者用钢筋水泥加固隧道；蝉的幼虫这个毫不逊色的工程师用泥浆涂抹四壁，让地洞长期使用

蝉的幼虫真了不起，是出色的工程师！

而不堵塞。

如果我惊动了从洞中出来爬到近旁的一根树枝上去、准备在上面蜕变成蝉的幼虫的话，它会立即谨慎地爬下树枝，毫无阻碍地爬回洞底小屋里去，这就说明即使此洞就要永远被丢弃了，洞也不会被浮土堵塞起来。

难怪在夏天的时候，作者总是会看到一些被丢弃的洞！

这个上行管道不是因为幼虫急于重见天日而匆忙赶制而成的，这是一座货真价实的地下小城堡，是幼虫要长期居住的宅子。墙壁进行了加工粉刷就说明了这一点。如果只是钻好之后不久就要丢弃的简单出口的话，就用不着这么费事了。毫无疑问，这也是一个气象观测站，外面天气如何在洞内便可以探知。幼虫成熟之后要出洞，但在深深的地下，它无法判断外面的气候条件是否适宜。地下的气候变化太慢，不能向幼虫提供精确的气象资料，而这又正是幼虫一生中最重要的时刻——来到阳光下蜕变——所必须了解的。

上行管道的功能真强大！

幼虫几个星期地，也许几个月地耐心地挖土、清道、加固垂直洞壁，但却不把地表挖穿，而是与外界隔着一层一指厚的土层。在洞底，它比在别处更加精心地修建了一间小屋。那是它的隐蔽所、等候室，如果气象报告说要延期搬迁的话，它就在里面歇息。只要稍微预感到风和日丽的话，它就爬到高处，透过那层薄土盖子探测，看看外面的温度和湿度如何。

细致的观察能让我们发现很多有趣的事。

如果气候条件不如意，如果刮大风下大雨，那对幼虫蜕变是极其严重的威胁，那谨小慎微的小家伙就又回到洞底屋中继续静候着。相反，如果气候条件适宜，幼虫便用足捅几下土层盖板，从地洞里钻出来。

（陈筱卿　译）

组文阅读

读读这组文章，体会准确生动的表达，想一想作者分别是从哪些方面（如：颜色、形态、动作等）对事物进行观察的。

芋

赵丽宏

友人赠我一株水竹，栽在一个姜黄色的小陶盆里，细细长长的茎秆，举着几片水灵灵的扇形绿叶，清秀文雅，十分可爱。然而隔不多久，不知什么原因再也没能恢复生机。小陶盆便空了。

空陶盆搁在桌子上，实在不美观，想再栽一点什么花草，却总是没有机会。一天，母亲打扫厨房时，在屋角发现几个芋艿(nǎi)，这是去年冬天留下的，已经萌出了青青的芽。这芋艿不也可以栽在空陶盆里吗！母亲笑了：“这怎么是芋艿待的地方！小小一个花盆会憋死它呢！”我不以为然，把一个鸡蛋大的芋艿种进了陶盆。盆儿太小，只两把泥土，就把芋艿埋起来了。

我决定在盆里种芋艿，倒并非全是盲目，因为我喜欢芋的形状，并且觉得它们有点像荷。那是儿时的事情了，一次去乡下，看到农民在一大片芋田里浇水，我忍不住惊叫起来：“那不是荷叶吗！怎么不长在水里呢？”做出这样的结论，有两点根据：首先是叶的形状，圆圆的，翠生生的，接近荷叶；还有一点更要紧，水珠滴在芋叶上，就像一颗颗亮晶晶的珍珠微微颤抖着，滚动着——我总以为只有荷叶才如此……

芋芽蹿得很快，开始只是细细的一小段，就像孩子们削得尖尖的小铅笔头，没有几天就有食指那么长了，再过几天，一片椭(tuǒ)圆形的嫩叶悄悄舒展开来，像一顶绿色的小伞，撑开在小陶盆之上。第二片叶子很快又蹿出来了，而且一下子超过了第一片叶子，那细细的叶茎足有一尺多长。这以后，它就似乎定了形再也没有什么变化。

“噢，真美！这是什么花草？”见到它的人几乎都会发出赞叹和疑问。

我的回答自然挺得意：“是芋艿。没想到吧？”我为自己这小小的“创意”而得意。

真的，这样长在小陶盆里的芋真有一股子灵气，纤长的叶茎托着一大一小两片圆叶，组成了一个“V”字。

叶子是浅浅的绿色，浅得近乎透明，像是用玛瑙和绿玉雕刻出来的，每天夜里，芋叶悄悄地卷起来，清晨又不知不觉舒展开了，这时候，叶面上总是凝聚着一颗晶莹闪烁的水珠。书桌上有了这样一盆植物，屋里的气氛变得清新而又生动。比之先前的那株水竹，这芋一点儿也不逊色呢！

芋叶没再增加，茎却越来越长，并且愈加显得纤细柔弱。有一天傍晚回家，我发现它有了很大变化，原来那个“V”字不见了，两片叶子都倾向了一个方向，仿佛两个人同时在向谁深深地弯腰鞠躬。芋叶依然是浅浅的、近乎透明的绿色，并没萎缩的迹象，这是怎么回事呢？母亲走过来瞅了瞅，说：“它是想见光。”我一看，果然，芋叶倾斜的方向正是窗子的方向。于是，我轻轻地将小陶盆转了半圈，两片芋叶便背向窗口了。我想，这样一来，它们自然会转过来的。第二天，芋叶真的动了，先是直起来，到傍晚，竟又恢复了前一天傍晚的模样。

这样经历了好几个反复。不管把小陶盆转向哪一边，两片芋叶总是不屈不挠地再转过来，倒向窗口。它的顽强和执着使我惊讶，我时常有一种幻觉，书桌上的这株芋仿佛变成了一只关在小笼子里的鹤，它拼命地扇动着两片绿色的翅膀，想冲出去，失败了一次，又冲了一次……哦，这坚忍而又可怜的鹤啊！它终于显得疲倦了，原来水灵灵的叶子耷(dā)拉着，失去了绿玉般的光泽，微微泛出黄色，纤长的茎叶上也出现了好些焦黄的斑点。它憔悴了。

它未能开花结实，就悄然结束了生命的旅程。面对着又变得空空的小陶盆，我的心里充满了内疚，母亲的话在耳畔回响着："这怎么是芋芳待的地方！小小一个花盆会憋死它呢！"

日积月累

这个世界不是缺少美，而是缺少发现美的眼睛。

——罗丹

应当细心地观察，为的是理解；应当努力地理解，为的是行动。

——罗曼·罗兰

② 梧桐树

丰子恺

寓楼的窗前有好几株梧桐树。这些都是邻家院子里的东西，但在形式上是我所有的。因为它们和我隔着适当的距离，好像是专门种给我看的。它们的主人，对于它们的局部状态也许比我看得清楚；但是对于它们的全体容貌，恐怕始终没看清楚呢。因为这必须隔着相当的距离方才看见。唐人诗云："山远始为容。"我以为树亦如此。自初夏至今，这几株梧桐树在我面前浓妆淡抹，显出了种种的容貌。

当春尽夏初，我眼看见新桐初乳的光景。那些嫩黄的小叶子一簇簇地顶在秃枝头上，好像一堂树灯，又好像小学生的剪贴图案，布置均匀而带幼稚气。植物的生叶，也有种种技巧。有的新陈代谢，瞒过了人的眼睛而暗中偷换青黄。有的微乎其微，渐乎其渐，使人不觉察其由秃枝变成绿叶。只有梧桐树的生叶，技巧最为拙劣，但态度最为坦白。它们的枝头疏而粗，它们的叶子平而大。

叶子一生，全树显然变容。

在夏天，我又眼看见绿叶成荫的光景。那些团扇大的叶片，长得密密层层，望去不留一线空隙，好像一个大绿障，又好像图案画中的一座青山。在我所常见的庭院植物中，叶子之大，除了芭蕉以外，恐怕无过于梧桐了。芭蕉叶形状虽大，数目不多，那丁香结要过好几天才展开一张叶子来，全树的叶子寥寥可数。梧桐叶虽不及它大，可是数目繁多。那猪耳朵一般的东西，重重叠叠地挂着，一直从低枝上挂到树顶。窗前摆了几枝梧桐，我觉得绿意实在太多了。古人说“芭蕉分绿上窗纱”，眼光未免太低，只是阶前窗下的所见而已。若登楼眺望，芭蕉便落在眼底，应见“梧桐分绿上窗纱”了。

一个月以来，我又眼看见梧桐叶落的光景。样子真凄惨呢！最初绿色黑暗起来，变成墨绿；后来又由墨绿转成焦黄；北风一起，它们大惊小怪地闹将起来，大大的黄叶便开始辞枝——起初突然地落脱一两张来，后来成群地飞下一大批来，好像谁从高楼上丢下来的东西。枝头渐渐地虚空了，露出树后面的房屋来，终于只剩几根枝条，回复了春初的面目。这几天它们空手站在我的窗前，好像曾经娶妻生子而家破人亡了的光棍，样子怪可怜的！我想起了古人的诗：“高高山头树，风吹叶落去。一去数千里，何当还故处？”现在倘要搜集它们的一切落叶来，使它们一齐变绿，重还故枝，回复夏日的光景，即使仗了世间一切支配者的势力，尽了世间一切机械的效能，也是不可能的事了！回黄转绿世间多，但象征悲哀的莫如落叶，尤其是梧桐的落叶。落花也曾令人悲哀。但花的寿命短促，犹如婴儿初生即死，我们虽也怜惜他，但因对他关系未久，回忆不多，因之悲哀也不深。叶的寿命比花长得多，尤其是梧桐的叶，自初生至落尽，占有大半年之久，况且这般繁茂，这般盛大！眼前高厚浓重的几堆大绿，一朝化为乌有！“无常”的象征，莫大于此了！

但它们的主人，恐怕没有感到这种悲哀。因为他们虽然种植了它们，所有了它们，但都没有看见上述的种种光景。他们只是坐在窗下瞧瞧它们的根干，站在阶前仰望它们的枝叶，为它们扫扫落叶而已，何从看见它们的容貌呢？何从感到它们的象征呢？可知自然是不能被占有的。可知艺术也是不能被占有的。

③ 麻　雀

冯骥才

这种褐色、带斑点、乌黑的尖嘴小鸟，为什么要在城市里落居为生？我想，一定有个生动并颇含哲理意味的故事。不过这故事只能虚构了。

这是群精明的家伙。贼头贼脑，又机警，又多疑，似乎心眼儿极多，北方人称它们为“老家贼”。

它们从来不肯在金丝笼里美餐一顿精米细食，也不肯在镀银的鸟架上稍息片刻。如果捉它一只，拴上绳子，它就要朝着明亮的窗子，一边尖叫，一边胡乱扑飞；飞累了，就垂下来，像一个秤锤，还张着嘴喘气。第二天早上，它已经伸直腿，闭上眼死掉了。它没有任何可驯(xùn)性，因此它不是家禽。

它们不像燕子那样，在人檐下搭窝。而是筑巢在高楼的犄(jī)角；或者在光秃秃的大墙中间，脱落掉一两块砖的洞眼儿里。在那儿，远远可见一些黄黄的草，五月间，便由那里传出雏(chú)雀儿一声声柔细的鸣叫。这些巢儿总是离地很远，又高又险，人手摸不到的地方。

经常同人打交道，它懂得人的恶意。只要飞进人的屋子，人们总是先把窗子关上，然后连扑带打，跳上跳下，把它捉住，拿出去给孩子们玩弄，直到它死掉。从来没有人打开窗子放它飞去。因此，一辈辈麻雀传下来的一个警句，就是：不要轻易相信人。麻雀生来就不相信人。它长着土的颜色，为了混淆(xiáo)人的注意力。它活着，提心吊胆，没有一刻得以安心。逆境中磨炼出来的聪明，是它活下去的本领。它们几千年来生活在人间，精明成了它们必备的本领。你看，所有麻雀不都是这样吗？春去秋来的候鸟黄莺儿，每每经过城市都要死去一批，麻雀却在人间活下来。

它们每时每刻都在躲闪人，不叫人接近它们，哪怕那个人并没看见它，它也赶忙逃掉；它要在人间觅食，还要识破人们布下的种种圈套，诸如支起的箩筐、挂在树上的铁夹子、张在空间的透明的网等，并且在这上边、下边、旁边撒下一些香喷喷的米粒面渣。还有那些特别智巧的人发明的一种又一种奇特的新捕具。

有时地上有一粒遗落的米，亮晶晶的，那么富于魅力地诱惑着它。它只能用饥渴的眼睛远远盯着它，却没有飞过去叼起来的勇气。它盯着、叫着，然后腾身而去——这是因为它看见了无关的东西在晃动，惹起它的疑心或警觉；或者无端地害怕起来。它把自己吓跑。这样便经常失去饱腹的机会，同时也免除了一些可能致死的灾难。

这种活在人间的鸟儿，长得细长精瘦，有一双显得过大的黑眼睛，目光却十分锐利。由于时时提防人，反而要处处盯着人的一举一动。脑袋仿佛一刻不停地转动着，机警地左顾右盼；起飞的动作有如闪电，而且具有长久不息的飞行耐力。

它们总是吃不饱，需要往返不停地奔跑，而且见到东西就得快吃。有时却不能吃，那是要叼回窝去喂饱羽毛未丰的雏雀儿。

雏雀长齐翅膀，刚刚学飞时，是异常危险的。它们跌跌撞撞，落到地上，就要遭难于人们的手中。更可怕的是，这些天真的幼雀，总把人料想得不够坏。因此，大麻雀时常对它们发出警告。诗人们曾以为鸟儿呢喃(ní nán)是一种开心的歌唱。实际上，麻雀一生的喊叫中，一半是对同伴发出的警诫的呼叫。这鸣叫里包含着惊心和紧张。人可以把夜莺儿鸣叫学得乱真，却永远学不会这种生存在人间的小鸟的语言。

愉快的声调是单纯的，痛苦的声音有时很奇特；喉咙里的音调容易仿效，心里的声响却永远无法模拟。

如果雏雀被人捉到，大麻雀就会置生死于度外地扑来营救。因此，人们常把雏雀捉来拴好，耍弄得它吱吱叫喊，旁边设下埋伏，来引大麻雀入网。这种利用血缘情感来捕杀麻雀，是万无一失的。每每此时，大麻雀总是失去理智地扑去，结果做了人们晚间酒桌上一碟新鲜的佳肴。

在这些小生命中间，充满了惊吓、危险、饥荒、意外袭击和一桩桩想起来后怕的事，以及难得的机遇——院角一撮(cuō)生霉的米。

它们这样劳碌奔波，终日躲避灾难，只为了不入笼中，而在各处野飞野跑。大多数鸟儿都习惯了一方天地的笼中生活，用一身招徕(lái)人喜欢的羽翼，耍着花腔，换得温饱。唯有麻雀甘心在风风雨雨中，过着饥饿疲惫又担惊受怕的日子。人憎恶麻雀的天性。凡是人不能喂养的鸟儿，都称作“野鸟”。

但野鸟可以飞来飞去；可以直上云端，徜徉在凉爽的雨云边；可以掠过镜子一样的水面；还可以站在钻满绿芽的春树枝头抖一抖疲乏的翅膀。可以像笼鸟们梦想的那样。

到了冬天，人们关了窗子，把房内烧暖，麻雀更有一番艰辛，寒冽的风整天吹着它们。尤其是大雪盖严大地，见不到食物，它们常常忍着饥肠饿肚，一串串落在人家院中晾衣绳上，瑟缩着头，细细的脚给肚子的毛盖着。北风吹着它们的胸脯，远看像一个个褐色的绒球。同时，它们的脑袋仍在不停地转动，还在不失对人为不幸的警觉。

哎，朋友，如果你现在看见，一群麻雀正在窗外一家楼顶熏黑的烟囱(cōng)后边一声声叫着，你该怎么想呢？

阅读链接

麻雀，喙为黑色圆锥状，头和颈部栗褐色，背部稍浅，满缀黑色条纹。多栖止于有人类活动的地方。平时主食谷类，冬时兼食杂草种子；繁殖季中常捕食昆虫，并以之哺喂雏鸟。

4 一条腿的鸟[①]

星 汉

今年5月的一天，我去看望住在城乡接合部的母亲，刚走进母亲家那不大的小院，就听见了小鸟的叫声。觅着声音望去，就看见小院里的杏树上落着一对不知名字的小鸟，正高一声低一声地鸣唱，像一对恋人在倾诉着各自的衷肠。

我走到杏树下抬头向上张望，想看一看树上有没有鸟巢，寻遍了高高低低的树枝也没有发现什么鸟巢。母亲看见我张望的样子问我在找什么，我说我在找鸟巢。母亲笑了，说鸟巢根本就没在树上。我问母亲鸟巢在什么地方，母亲说在房后一面墙上的墙缝里，并告诉我这对小鸟从去年就在那道墙缝里筑巢了。

我走到房后一看，果然在距地面近两米高的地方有一道墙缝，蹬上梯子就看见了那里有一个鸟巢。鸟巢下面的那一层草是旧的，而上面的那一层草却是新的，伸

① 选入本书时略有删改。

手摸摸，就摸到了几枚温热的鸟蛋。杏树上的那一对小鸟看见我在看它们小小的家时，焦急地叫着……

7月5日母亲过生日我回去时又想起了那对小鸟，从时间上算，那对小鸟该做母亲父亲了。所以当我到母亲家时就迫不及待地到房后去看，没等我走到时就听见了幼鸟的叫声。蹬上梯子，我看见那鸟巢里有4只十分可爱的幼鸟，它们以为我是它们的妈妈，正张开红红的大嘴向我要吃的……

这时候我听见杏树上传来了鸟妈妈焦急的叫声，在向我这个不速之客表示抗议。

我急忙从梯子上下来，站在院子里向杏树上张望，在茂密的树叶间我看见了鸟妈妈。令我吃惊的是，那只叼着虫子的鸟妈妈只有一条腿，由于难以保持平衡，小小的身体不时地摇晃着。我问母亲这是怎么回事，母亲告诉我："在幼鸟刚出蛋壳的时候，邻居家一个淘气的孩子用弹弓打死了那只雄鸟，打折了这只雌鸟的一条腿，如果不是我的及时阻止，不仅它的性命难保，恐怕连幼鸟也早就死了。"

听了母亲的话，我抬头看了看杏树上的那只鸟，沉默了。我知道有的幼鸟一天的食量是成鸟的几倍，4只幼鸟一天要吃掉多少条虫子呢?

整整一天，我看见鸟妈妈为了儿女的成长而忙碌着……

在回来的路上，那只只有一条腿的雌鸟不停地在我的眼前摇晃着身体，不停地叫着，仿佛在向我求救，仿佛在向我诉说着它一家不幸的遭遇。

而我又能为愿意与人类做邻居的小鸟做些什么呢?

日积月累

劝君莫打枝头鸟，子在巢中望母归。

——白居易

三月残花落更开，小檐日日燕飞来。

——王令

阅读实践

你从这组文章中发现了哪些细致、连续观察的句子了？找出来把它们填在表格里。

文章题目	细致、连续观察的句子
《芋》	
《梧桐树》	
《麻雀》	
《一条腿的鸟》	

活动二

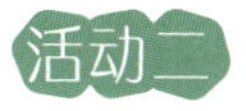

本组的四篇文章，作者分别是从哪些方面（如：颜色、形态、动作、神态等）对观察对象进行观察的？再找出这四篇文章在观察方面的共同点。

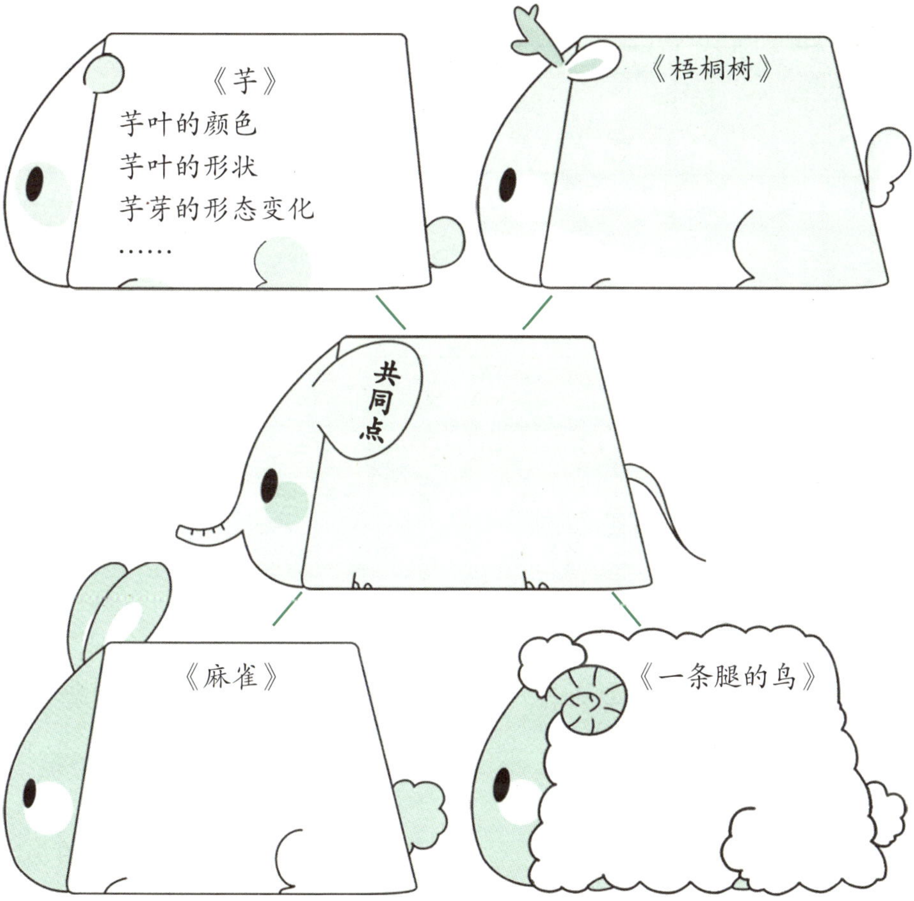

《芋》
芋叶的颜色
芋叶的形状
芋芽的形态变化
……
《梧桐树》
共同点
《麻雀》
《一条腿的鸟》

写观察日记

我们可以学习作者做连续观察，并用观察日记记录自己的收获，记录观察对象的变化，还可以写写观察过程，以及你当时的想法和心情，如果能附上图片或照片就更好了！

标题：

月　日　　星期　　天气：

贴照片处

自由阅读

1 春　宵[1]

[宋] 苏轼

春宵一刻[2]值千金，
花有清香月有阴[3]。
歌管楼台声细细，
秋千院落夜沉沉。

注释

① 春宵：春夜。
② 一刻：比喻时间短暂。
③ 月有阴：指月光在花下投射出朦胧的阴影。

春天的夜晚，即便是极短的时间也十分珍贵。花儿散发着丝丝缕缕的清香，月光在花下投射出朦胧的阴影。楼台深处，轻轻的歌声和管乐声还不时地弥散于醉人的夜色中。夜已经很深了，挂着秋千的庭院一片寂静。

② 望月怀远

［唐］张九龄

海上生明月，天涯共此时。
情人怨遥夜，竟夕起相思。
灭烛怜[1]光满，披衣觉露滋[2]。
不堪盈手赠，还寝梦佳期。

注释

① 怜：爱惜。
② 露滋：露水打湿。这里表示夜深了。

海上升起了一轮明月，天涯相隔的故人和我同在此时举头望月，共同感受着此情此景。有怀远之情的人整夜思念远方的亲人，哀怨这长夜漫漫。熄灭蜡烛，月光满屋，分外惹人怜爱。披上衣服，步出门庭，久久凝望这轮明月，不知不觉，衣服已被露水润湿了。月光如此可爱，却不能掬一捧赠送给他，不如仍回卧床，但愿梦中能与他相会。

③ 通天坞的杨梅

洪忠佩

小满一过，天气最容易变脸，忽晴忽雨。比天气变脸变得更快的，是通天坞的野生杨梅。昨天与新溪上山时，看到通天坞路边杨梅树上的杨梅，只泛着星星点点的红，仿佛隔了一夜，杨梅一树树地变红了。杨梅长在树上的红，是自然的、鲜嫩的，宛如带着露珠，或者水润，看着都满嘴生津。

作者发现了杨梅变化之快。

杨梅树属于常绿乔木，果期也就在初夏时节。杨梅从成熟到熟透，也就半个月左右的时间。提前去摘，弄不好不到成熟期，酸。过了成熟期，弄不好又熟透了，人一爬上树，树晃一晃，杨梅就落了。最好，是选择中间的时段去摘，圆润，肉厚，既新鲜，又微酸清甜，正好适口。

通天坞是杨村坞村的山场，蜿蜒叠起，与向山尖连接。那葱郁的混交林里，遮蔽着庵堂的残基。毛竹、梧桐、枫香、油松、苦槠(zhū)、黄檀(tán)，还有栲(kǎo)树，满山满冈地长。而杨梅从这里可以看出作者进行了细致的长期的观察。

树大多点缀似的，夹杂其间，只有在朝阳的山冈上，杨梅树会多些。从通天坞到对面的兰谷，都是我与新溪常常去徒步的山路。一路上，发现杨梅树的树形小的，只有两人高的样子，而树形大的呢，要一人合抱才能抱得过来。问题是，杨梅树很少是单棵生长的，丛生的多，且冠幅大。新溪是土生土长的杨村坞人，守着村前大河长滩的养生河过日子。他对我说，尝新是一方面，主要的是想摘些杨梅泡白烧（白酒），遇到村里肠胃不适的，消化不良的，可以让他们喝点，免得寻医问药。

村里人上山做事，讲究伙伴。与我一起上通天坞摘杨梅的，除了新溪与他叔叔，还有老华、老齐。我去年与新溪去汪平坦徒步，曾在路边摘过杨梅，上山前，新溪去家中拿竹篮。我说，拿一个就够了，免得上山多拎个篮子，碍手碍脚的。没想到，到了杨梅树下，才知道经验误事，一个竹篮，由于人多不仅不好操作，而且根本不够用。

说实在的，我纯粹地专门上山去摘杨梅，还是少年时候的事了。那时，去的是村前的汪山，或者天马山上，一人一棵，抑或二三人合伙一棵杨梅树，瞄准了个头大的、红得有些发紫的摘，边摘边吃。那种享受，真的十分过瘾。杨梅树的树丫多，冠幅大，人可以攀缘在杨梅树上，像猴子一样上吊下窜，晃悠悠的，惬意得很。少年伙伴，一个个嘻嘻哈哈的，说错过了这个村就没这个店了，趁新鲜，不吃白不吃，吃饱了也要吃，吃到肚子撑为止。你一言，我一句，比山里的鸟还快活。可是，一回到家里，发现牙齿是酸的，吃饭都失去了味觉。

最为有趣的，也是难以忘记的，还是用镰刀，抑或铁凿，把生长的毛竹挖一个洞，再把摘来的新鲜杨梅储藏在里面，然后，采取竹片盖上竹洞，黄泥巴糊上缝隙。若是封口严密，一两个月后从生长的毛竹竹洞中取出杨梅，还是像树上刚刚摘下来一般。这，是否称得上是山里少年发明的植物保鲜方法呢?

只要在山村里长大的人，在杨梅面前都是吃货。大家尤其喜欢紫嘟嘟的“火炭梅”,还有白莹莹的“白玉梅”。有时候，即便没有摘到，一路聊起，都能够触动味蕾，直把口水往肚子里咽。相比较而言，火炭梅与白玉梅的成熟期，要比一般杨梅晚些，到端午前后才能成熟。也就是说，我们去通天坞摘杨梅，应是与火炭梅和白玉梅无缘了。

品尝也是一种不错的观察方法呀！

对通天坞的山路，以及杨梅树所处的位置，新溪比我和他叔叔都熟悉。尽管，路边有一树树的杨梅，长得果实累累的，红得也艳，口感却不如山场上的。只要细细去品尝，就会发现由于山场的海拔与植被不同，肉质与口感都有差异。当然，个大肉厚的，无疑是采摘的首选。然而，口感好的杨梅，山里一种红嘴的小鸟也爱啄食，越是有鸟吃过的杨梅，口感越好。只是，我至今还不知道那如雀般的红嘴小鸟叫什么名字。

其实，上通天坞摘杨梅，享受的就是在树上树底摘与吃的过程。不仅可以踮脚伸手朝着个大的摘，还可以敞开肚子拣肉厚的吃。一颗接着一颗吃下去，酸酸甜甜的，特别过瘾。稍不注意，说不定杨梅的汁水就会从嘴角边流出来。置身山野，我们还有谁去顾及自己的吃相呢？杨梅树的树底，大多是厚厚的腐叶。上山，爬树，都是体力活。汗水一出，人就通透了。若要找偷懒的办法，还得去找碗口粗的杨梅树，使劲摇一摇，杨梅就会“滴滴答答”地落得满地都是。只要埋下身子去捡，想要多少，就可以捡多少，直捡到满意为止。

在通天坞的杨梅树下，我们一起摘杨梅的几个人，每一个人都可以是率性的，甚至可以向着记忆中的少年回归的。或许，我们在成年之后，大多数还是第一次真正体验到摘杨梅的山野之趣。

乡村，有乡村的味道。想必，那通天坞杨梅的酸酸甜甜，就是我们乡村生活的滋味吧。

日积月累

众口但便甜似蜜，宁知奇处是微酸。

——方岳

醉里自矜豪气在，欲乘风露摘千株。

——陆游

4 玩月亮

吴 然

我们的村子叫“大树村”。

你知道村里有多少大树吗？不知道？就给你说说最大、最古老的一棵吧！这是一棵大青树，又粗又壮地站在祠堂后面。它的一个枝丫被炸雷劈掉了一半，伤疤长成磨盘大的树瘤，这树瘤有点怕人，像一只怪眼睛木愣愣地瞪着你。真的，要是一个人，我是不敢在树下玩的。守祠堂的树春大伯，笑话我的胆子比斑鸠还小，原来一窝斑鸠把窠筑在树瘤里了，这狡猾的家伙！铁蛋逞能要爬上去掏斑鸠，树春大伯跺着脚用烟锅指着吼起来：“小兔崽子，大树有眼！”铁蛋被唬住了，挠着脑袋看斑鸠飞出飞进，树春大伯哈哈笑得胡子乱抖。其实大青树是喜欢我们在它的树荫下玩耍的，就像树春大伯喜欢我们围着他听他“摆古”，摆完了就叫我们到山箐(qìng)里给他提水来煨(wēi)茶。大青树不要我们给它提水，它见我们玩得满头大汗，反倒用它的大叶子哗啦哗啦给我们扇凉风。这时候我觉得它的眼睛一点也不怪了，成了一个笑歪了的嘴巴。

最有趣的是晚上，月亮出来的时候，我们在大青树下“玩月亮”。

夏天的傍晚，潮湿的凉气从山林里吹来，从竹篷里吹来，从青蛙们咕呱咕呱吵闹的水田里吹来，还从大青树里散发出来。大人们三三两两来到祠堂的大门口，坐在光滑的凉阴阴的石台阶上，悠闲地咂烟讲笑话。一条黄狗和黑狗在追逐打架。依沙大婶“儿弄儿弄”地叫唤着，追赶一只不想进圈的小花猪……这时候，月亮出来了！月亮，水灵灵、嫩汪汪的月亮，它的光波笑眯眯地四处荡漾。我嗅到一股从天而降的气息，凉丝丝的，好像还有一种甜甜的润润的香味，是山林的香味？庄稼地的香味？还是河水的香味？大青树的香味？只觉得这香味在我的周围弥漫着，弥漫着，简直可以捧在手上！细细听，还有一种声音，不是虫鸣，不是风声，不是树叶摇晃发出的轻响，是什么声音呢？落在草棵上，落在一团一团的树冠上和竹篷上，落在瓦沟上，落在从牛圈里散发出来的可爱的气味上，难道是月光的声音吗？我惊奇得想大声叫喊。我的叫喊慢了一步，让依香抢了个先。依香一声“玩月亮咯（lo）”，把大树村所有的门窗都打开了——伙伴们又

> 作者不但写了看到的，还写了闻到的和听到的。

吼又叫跑了出来，跑到大青树前的场院上，围着圈儿“玩月亮”。依香领头唱了起来——

月亮出来了，
大家出来玩，
拉起手站成排，
月亮地下转圆圈。
手儿拉得紧，
脚儿齐又快。
脚儿齐又快，
圆圈转得圆。
转得圆，
转得欢，
多好玩呀多好玩……

我们的圆圈转得像月亮一样圆，月亮看着我们玩，高兴得颤抖起来，把温柔的光芒洒在我们汗湿的脸上和头发上。月亮也和我们一起玩，一起跳，和我们一起哈哈笑了。月亮的笑声把树洞里的斑鸠惊飞起来，它咕咕咕地叫着，说：“我也要玩月亮，我也要玩月亮！”可是它不敢飞下来，这憨斑鸠啊！大树有眼，月亮做证，我们绝不会捉你了！

5 刺猬·松鼠[1]

徐　鲁

刺猬的春天和秋天

刺猬从自己的窝里爬出来，就像背着一个外面扎满针芒的小包袱。

它悄悄地向山野走去。山野上的果子红了，有的已经熟透了。聪明的小刺猬也许会这样想：冬天就要来了，可不能再贪玩了，应该趁着这样的好天气，提前去准备过冬的食物啦！

于是，它采来红红的山楂(zhā)、野枣，还有一些小浆果。它用满身的针刺扎住它们，一趟趟地往家里运送着。它想，多准备一些总是好的，就是浆果一时吃不完，发点酵(jiào)也没关系，因为那样吃起来也许还会有点酸牛乳的味道呢！

它把过冬的食物准备得那么充足。当它忙忙碌碌地干完了这一切，才心情轻松地想道：好了，这下可以放心地、美美地睡上一觉了呀！

---

① 本文题目为编者所加。

等到漫长的冬天过去以后，刺猬才重新从洞里走出来。不过这时候，外面的世界又有了新的变化，迎接它的是又一个崭新的春天了。

刺猬在生活中会遇到哪些艰难和不测的灾祸呢？

刺猬在生活中也会遇到许多艰难和意外的灾祸。不过，对付这些艰难和灾祸，它有自己的办法。例如，一旦听到猎人的枪声，或者遇到什么敌手的时候，大多数动物都会吓得四处逃散的，可是，刺猬却一点也不惊慌。只要听到可怕的声音，或者遇到什么危险，刺猬就会立刻团成一个带刺的“小球”，浑身的针刺都朝外耸立着。这时候，就连狡猾的狐狸也拿这个带刺的“小球”没办法，无处下口。一直等到危险过去，刺猬才会慢慢地伸展开身子，又变成温顺和自由自在的样子了。

刺猬浑身的硬刺当然不仅仅只是用来保护自己，避免受到其他动物的侵袭和伤害。它还可以用它们来当皮衣服遮风挡雨呢。当冰凉的雨水浇下来时，刺猬的针刺可以像蓑(suō)衣一样挡住雨水。

刺猬的小窝，一般都在土洞里、树根下或灌木林中的枯叶堆下。如果你在野外的草丛里或叶堆下，突然看见了一只小刺猬，可要记住，千万不能忙着去对它动手动脚的，因为它很可能会非常不友好地刺你几下子呢。

松鼠的家

松鼠看上去很漂亮，也很可爱。它动作轻捷，非常机警，一天到晚总是不停地蹦来蹦去。它还十分喜欢直竖着身子坐着，用前爪往嘴里送东西吃。

松鼠喜欢把自己的家安置在高高的树杈上。有的松鼠也把小窝做在枯树洞里。松鼠搭窝时，先用一些小木片儿错杂地放在一起，再用一些干苔藓编扎起来，然后把它们挤紧、踏平，使小小的卧室又牢固又平整。它的窝口通常是朝着天空的，端端正正的。窝口上还有一个圆锥形的盖儿，可以把整个小窝像遮盖天窗一样给遮蔽起来，有了雨水也可以向四周流去，而不会淌进窝里。

作者发现松鼠窝口上有个“圆锥形的盖儿”，他的观察很仔细。

松鼠大部分时间生活在树上，所以拥有许多了不起的树上本领，例如头朝下快速爬下树、在细枝上敏捷地跳跃而不会掉下来，等等。

松鼠有一条蓬松的大尾巴。当它从一根树枝跳到另一根树枝时，那条尾巴就像小小的降落伞一样，帮助它稳稳地降落；下雨时，大尾巴还可以充当雨伞，遮挡住风雨；天冷了呢，大尾巴又可以当毛毯使用了。

松鼠当然最喜欢吃松子，另外还喜欢吃蘑菇和小昆虫等。吃不完的松子落到地下，第二年就会长出小树苗来。所以，有人说松鼠是会植树的小动物，它们无意中种下的树比谁都多。

除了松树外，松鼠也喜欢在榛(zhēn)树上活动，因为在榛树上可以找到成熟的榛果吃。如果你从榛树下走过，可要当心啦，说不定会有几只榛果正好掉在你的脑袋上呢！还说不准，那正好是松鼠不小心弄下来的。

松鼠是友好和快乐的小动物。爱尔兰诗人叶芝写过一首短小的诗《给一只小松鼠》，仿佛是代表了所有的孩子，对小小的松鼠发出了友好的邀请——

来吧，来和我玩吧，
为什么你要奔跑，
奔过抖动的树梢？
难道我有一支枪，
会把你一枪打倒？
不，其实我想做的，
只是搔搔你的小脑袋，
然后就让你走掉。

感悟神话

神话故事具有永久的魅力，充满了神奇的色彩，特别吸引人。神话故事中的人物，往往具有鲜明的个性。这些人物中，有开天辟地者，有与自然、邪恶抗争为人类造福者，也有以身试毒、尝遍百草为民众寻药者……他们不畏艰险、百折不挠的精神，实在令人钦佩。

读读这个专题的神话故事，了解故事的起因、经过、结果，学习把握文章的主要内容；感受神话中神奇的想象和鲜明的人物形象，并展开想象写一个故事。

范文阅读

① 盘古开天地

《三五历纪》

盘古开天地的故事相信你已经读过了，你能借助以往对这个故事的了解读懂这篇小古文吗？

天地混沌如鸡子①，盘古生其中。万八千岁，天地开辟，阳清为天②，阴浊为地③。盘古在其中，一日九④变，神于天，圣于地。天日高一丈，地日厚一丈，盘古日长一丈。如此万八千岁，天数极高，地数极深，盘古极长。后乃有三皇⑤。

注释

① 鸡子：即鸡蛋。

② 阳清为天：按古人理解，阴阳两种元素是构成宇宙万物最基本的东西。阳的这种元素是清而轻的，就上升为天空。

③ 阴浊为地：阴的这种元素是浊而重的，就下降为大地。

④ 九：古人讲这个数字，常表示“多”的意思。这里是表示多次。

⑤ 三皇：天皇、地皇、人皇。另一说为伏羲、燧（suì）人、神农。

② 始祖伏羲

中国是世界文明古国，中华文明是世界上最古老的文明之一，也是世界上持续时间最长的文明之一，伏羲是我们中华民族的人文始祖。伏羲是怎么出现的？他又为我们人类做了哪些贡献呢？

读文章时，画出你认为想象力最丰富的语句，说说始祖伏羲给你留下了什么印象。

这还要从八千多年前说起。当时的华夏大地，有一个美丽的部落，这里与世无争，人们安居乐业，生活美满而安宁。部落里有一位美丽的女子，大家都叫她华胥(xū)氏。

有一天，华胥氏到雷泽附近的森林去游玩。她看到这里树木茂盛，鲜花盛开，一路流连忘返，不知不觉走进了雷神住的地方。突然，她在路上发现了一个巨大的脚印，她不知道那就是雷神的脚印，强烈的好奇心驱使她不由自主地伸出脚来，想和这个大脚印比比大小。她刚一踩下，立刻感到全身颤动，回家后就怀孕了。这一怀就是十二年。后来，孩子出生，这个孩子就是伏羲。

伏羲是雷神的孩子，一出生就与众不同。他有着人的面庞和蛇的身子，体格健壮，智力超群，能沿着天梯自由地穿梭于人间与天庭之间。这个天梯名叫“建木”，它的样子非常神奇，叶子像罗网，而树干上却不生长枝条，树顶上还有九根蜿蜒曲折的枝杈伸向天空，树底下有九条盘旋交错的根节抓住大地。一般人很难爬上去，而伏羲却能轻松地爬上爬下。

伏羲为人类做了哪些贡献呢？找一找，在文中画出来吧。

伏羲长大后当上了部落首领。当时，人们还不知道怎样种庄稼，只会采野果或打野兽，经常饿肚子。伏羲非常想让大家摆脱饥饿。他左思右想，始终没有想出好办法。有一天，他来到河边，看见几条又大又肥的鲤鱼相继从水面上跳起来，而且跳得很高。他想：如果能抓到这些鱼来吃，大家就不用挨饿了。于是，他下河抓鱼。费了一番工夫后，他捉到一条肥美的鲤鱼，带到部落分给人们一起食用。从此，人们开始动手捉鱼吃，饿肚子的情况少了很多。

可是，捉鱼需要讲究方法，花费的时间也很长。伏羲想：有什么更快更好的方法能捉住更多的鱼呢？在冥思苦想之时，他看见两个树枝中间有个蜘蛛在结网。左一道线，右一道线，不一会儿就织好了一张大网子。很快，那些远远飞来的蚊子、苍蝇都被粘到了网子上，蜘蛛便饱餐一顿。他立刻受到启发：既然蜘蛛能用网捉虫子，那么人类就能做网捕捉水里的鱼。想到这儿，他急忙跑到山上，先找了一些藤条当作绳子，再像蜘蛛结网那样把它们编成一张大网，然后把网放到河里。没多久，很多活蹦乱跳的鱼儿就被网住了。他把这个办法教给了人们。比起用手捉鱼，用网

伏羲从蜘蛛结网中受到启发，发明了渔网。

捕鱼的方法不但能捉到更多的鱼，人们还不用下水，非常方便。后来，人们又仿照这个方法编织出了鸟网，捕到了天上的鸟儿。

除了发明渔网外，伏羲还为世人做了许多好事。

读一读伏羲为世人做的这些好事，可以和同学交流一下。

他看到人们吃生肉经常生病，就取来自然火种，用火烤熟食物。人们吃了烤熟的食物，不仅生病少了，体质也更加强健。

他看到人们对刮风打雷等自然现象感到害怕，又无法解释，便创造了“八卦”，来解释大自然中所有事物的规律。

他看到人们的物质生活得以改善，就花了三天三夜的时间研究梧桐神树，用神树中的一段制成乐器——琴，并用琴弹奏出美妙的乐曲。

他看到人们的日常生活有很多事情需要记忆，便绘制了简单的符号来表述事物，发明了最早的画符式文字，结束了人类“结绳记事”的历史。

随着众多部落的兼并和迁徙(xǐ)，伏羲所创立和倡导的古代文明，沿渭水到黄河流域，与其他民族相融合，形成了以炎黄部落为核心、以伏羲文化为本体、凝聚了各少数民族的中华民族，使人们从洪荒时代走向一个崭新的时代，让人们能够将大自然的力量和自己的智慧结合起来，更好地繁衍生存下去。由于伏羲为人类做出了卓越贡献，他被奉为中华民族的“人文始祖”。

伏羲为什么被奉为中华民族的“人文始祖”？

（刘榕　改写）

阅读链接

“三皇”和“五帝”是指古代传说中的帝王。后世人们为了纪念上古时期做出卓越贡献的部落或部落联盟的首领，为他们编写了各种神话传说，并尊称他们为“皇”或者“帝”，不同时期的人们纪念的首领不同，因此会出现“三皇”“五帝”说法不一样的情况。

③ 精卫填海（节选）

《山海经》

读读这段小古文，不懂的地方可以对照译文来理解。

又北二百里，曰发鸠之山，其上多柘（zhè）木，有鸟焉，其状如乌，文首，白喙①，赤足，名曰精卫，其鸣自詨（xiào）②。

注 释

① 喙：鸟嘴。

② 詨：呼，叫。

再向北走二百里，有座山叫发鸠山，山上长了很多柘树，有一种鸟在那里，它的样子像乌鸦，头部有花纹，白色的嘴，红色的脚，名叫精卫，它的叫声像在呼唤自己的名字。

④ 嫦娥奔月[1]

《淮南子》

羿请不死之药于西王母，姮娥窃以奔月，怅然有丧，无以续之。

通过这个神话传说可以看到，人们幻想翱翔太空，飞到月亮上。

注释

① 本文题目为编者所加。

后羿从西王母那里求得了长生不老药，嫦娥偷吃了这药而飞往月宫，后羿怅然若失，再也无法求得这种药。

⑤ 特洛伊木马

本文是希腊神话中的经典故事，现在人们常用“特洛伊木马”来比喻“害人的礼物”，这是怎么回事呢？快去文中找一下答案吧。

大约在公元前 12 世纪，特洛伊经济发达，物产丰富，人民安居乐业。一天，特洛伊王子访问希腊的斯巴达，拐走了斯巴达国王墨涅拉奥斯的妻子海伦。国王大发雷霆，他联合希腊境内各城邦的部队，组成十万联军，浩浩荡荡，远征特洛伊城。

希腊联军把特洛伊城围困起来，要求特洛伊王子交出海伦和财物。由于特洛伊城池坚固，易守难攻，希腊联军多次攻城均以失败告终。就这样，战争持续了整整十年，双方损失都十分惨重。

特洛伊人向国王建议：“战争这样打下去什么时候是个头，我们把海伦交出去算了。”但这个建议遭到国王的坚决反对：“敌军是远道而来，这么强大的军队用十年都没把我们的城池攻下来，相信他们也是强弩(nǔ)之末了。只要坚持，胜利一定是属于我们的。”

希腊联军也有人建议撤兵。

终于有一天，特洛伊探子来报：“国王陛下，敌军退兵了。”

国王问：“何以见得？”

探子说：“我军亲眼看见敌军放火烧毁了帐篷，登上战船离开了海岸。”

国王说：“小心敌军有诈，再探再报！”

几个时辰后，两军战场仍然寂静无声，探子来报：“敌方营地一片狼藉，海岸旁只留下凌乱的脚印，确认敌军已退兵。”

特洛伊人欢呼雀跃，成群结队地奔向海边，捡拾胜利果实。这时，他们发现海滩上有一只巨大而奇异的木马。

这只木马暗藏着什么玄机呢？先猜一猜再继续往下读。

所有的人都愣住了，这时只听将军把手一挥：“保护陛下！”战士们立刻警惕起来。四位有经验的战士小心地靠近木马，转了好几圈，又爬到了木马上面观察，并没发现异常。

有人建议把木马烧了，有人说从没见过如此巨大的木马，还是留下来比较好。

这时，有人叫道：“抓住一个俘虏！”

跪在地上的俘虏战战兢(jīng)兢地说，他是希腊将军的一个随从，因将军脾气太差，经常打骂他，他偷偷地在将军的饭菜里下了药，将军被毒死，他从军营里逃了出来，又不敢回家，就躲进了附近的山林里。

他说，木马是希腊人用来祭祀雅典娜女神的。在希腊，谁能得到木马，谁就可以得到女神的祝福，变得战无不胜。木马的大小代表着得到女神祝福的多少。这是希腊人最大的木马，它代表着整个希腊联盟。

面对“俘虏了整个希腊联盟”的喜悦，特洛伊国王和人民都说了什么？做了什么？此刻，你看到了怎样的国王和人民？

国王哈哈大笑：“带走这个木马不就是俘虏了整个希腊联盟了？这十年的仗打得值！把木马带回城！”

这时，只听一声喊：“陛下，不能！”

特洛伊的祭司拉奥孔气喘吁吁地跑来，说：“尊敬的陛下，我预感到我们的国家会因为这个木马而毁灭。”他边说边拿起火把要把这个木马烧掉，并拿来长矛刺向木马。希腊俘虏匍匐在地上，说：“陛下，您可以用这个木马换好几座城池。”

“慢！”国王立刻制止道，“把木马拉进城！”

国王的随从立刻喊道：“陛下英明，我们就用这个木马换城池，扩大我们的疆域，以报这十年战争之苦。”

士兵群情激昂，高呼：“换城池！换城池！”

木马太大了，甚至比城门还高。特洛伊人竟然拆了一段城墙，费了九牛二虎之力才将木马弄进城。

特洛伊人太兴奋了，他们认为，十年的战争终于结束了！他们举行了盛大的庆功宴，围着木马唱啊跳啊，喝酒吃肉，推杯换盏，直到深夜，个个喝得酩酊（mǐngdǐng）大醉。

特洛伊人太兴奋了，十年的战争终于结束了！他们难以表达内心的喜悦！

特洛伊人睡了，特洛伊城安静了，特洛伊城太累了，连守城的官兵也酒意浓浓地相互枕着胳膊睡去。

寂静的夜晚，连星星都懒得眨眼。唯有这个踏进特洛伊城的大木马却精神抖擞（sǒu），“咔嚓”一声响，木马的暗道打开了。从木马里跳出二十位身强力壮的勇士，他们身轻手快，其中一位立刻从拆开的城墙出去放信号，其他人杀掉了守城士兵，打开城门，燃放火把。

特洛伊战争结束了，但留给我们的启示远没有结束。读完故事的你，有了怎样的感触？结合故事中的人物或情节说一说。

假装撤退的希腊军顷刻间如潮水般涌来，打得特洛伊人措手不及。最后，特洛伊城绝大多数男人死于刀下，女人和孩子成了斯巴达的奴隶。

“我们胜利了！伟大的木马计划成功了！”希腊战士们呼喊着。为期十年的战争画上了句号，特洛伊城从此不复存在。

（张媛　改写）

⑥ 赫尔墨斯偷牛

在奥林匹斯山的山洞里，住着一位神，他的名字叫赫尔墨斯。他的母亲是山林女神迈亚，他的父亲是众神之王宙斯。所以，他一出生便有着强大的神力。他身怀偷窃之术，曾与众神开玩笑，偷走了宙斯的权杖、波塞冬的三叉戟、阿波罗的银弓和阿瑞斯的剑。

查找资料了解一下这些神的故事。

传说，赫尔墨斯刚降生不久，趁妈妈不注意，轻轻地脱掉襁褓(qiǎng bǎo)，悄悄地跳出摇篮，溜出了山洞。他在洞外玩耍时，感觉脚下踩着一个东西，拾起来一看，是一只大乌龟。他用乌龟壳、三根树枝和几根弦做成了一把竖琴。接着，赫尔墨斯偷偷地回到山洞，把琴藏到自己的摇篮里。

读读文中描写“偷牛”过程的段落，圈画出关键词句，想想你从中看到了一个怎样的赫尔墨斯。

晚上，赫尔墨斯再次出去，跑到皮埃里亚山谷，趁夜偷走了阿波罗的五十头牛。他在牛的腿上捆上苇草和树枝，一会儿把牛群往前赶，一会儿又把牛群往后赶，一会儿又让它们横着走，总是不停地变换着方向。牛的脚印凌乱不堪。他怕自己的脚印被别人发现，于是，编了一双大草鞋穿在脚上，让小小的脚印变成巨人的脚印。

赫尔墨斯赶着牛群经过玻俄提亚时，遇到了一个老人。他对老人说：“我给您一头牛，但请您不要对任何人说看见过我。”老人答应了。

赫尔墨斯走了不久，想知道老人是否信守诺言。于是，他把牛藏在树林里，换了副模样，回去找到老人，说：“请您告诉我，刚才是否有个小孩赶着一群牛从这里经过？”

老人说：“我没有看见。”

赫尔墨斯说：“如果您能告诉我他

赶着牛去了哪个方向，我将给您一头公牛和一头母牛作为酬谢。”

老人很想再得到一头公牛和一头母牛，就将赶牛孩子的去向告诉了赫尔墨斯。赫尔墨斯非常生气，把老人变成了石头，让他永远沉默。

赫尔墨斯赶着牛群，继续往前走。他把牛赶到皮洛斯的牛棚里，杀了两头用火烤着吃。吃完后，他捧来沙子把火堆熄灭，没留下丝毫痕迹。然后把其他的牛赶进山洞里，自己则爬进摇篮，钻进了襁褓。

赫尔墨斯偷牛的事情会被阿波罗发现吗？

阿波罗发现牛棚里的牛少了，他沉思片刻，缓慢地在地面上凌乱的脚印中搜寻着。在经过由老人变成的石头时，他又把石头变回了老人。老人告诉他是一个小孩子偷的牛。

阿波罗在皮洛斯见到一串巨人的脚印，心里很是纳闷：老人不是告诉他是一个小孩子偷的牛吗，怎么还能穿这么大的鞋呢？他继续寻找，在山洞旁的草地上，发现了一双大草鞋。

阿波罗找到了赫尔墨斯住的山洞，怒气冲冲地闯了进去。他遇到美丽的山林女神迈亚，喊道：“赶紧叫你的儿子出来，他昨晚偷了我五十头牛。”

“怎么可能呢？我儿子才出生不久，他这么小，还裹着尿布呢。”女神迈亚指着摇篮说。

“不会错的，就是他！”

“既然你不相信，那就自己去搜吧，看看他把牛到底藏在哪儿了！”

阿波罗在巨大的山洞里搜着，赫尔墨斯一声不吭地睡在摇篮里，偷偷地看着。

请试着体会此时此刻阿波罗的心情。

“你这狡猾的小偷，如果你不还我的牛，看我怎么处置你！”

赫尔墨斯始终沉默不语。阿波罗没有找到任何证据，他气呼呼地把赫尔墨斯从摇篮里拉出来，硬逼着赫尔墨斯跟他一起去找宙斯评理。

宙斯笑着说：“把偷来的牛赶紧还给你的哥哥。”

“难道您也认为是我把牛偷走的吗？您看，我这么小，还够不到牛鼻子呢，怎么能偷牛呢？”赫尔墨斯忽闪着大眼睛说。

“不要狡辩了。阿波罗，跟着你弟弟取牛去！”看来，宙斯是下了最后通牒(dié)。

赫尔墨斯知道，即使不说，阿波罗早晚也是会发现牛在哪儿的，于是承认了偷牛的事实。他转身离去，阿波罗紧跟其后。

通过这段描写，你又认识了一个怎样的赫尔墨斯呢？

赫尔墨斯拿出他用乌龟壳做的竖琴，送给阿波罗，请求哥哥原谅。阿波罗喜欢音乐，而这把琴音色如此优美，他特别高兴，就原谅了赫尔墨斯。

赫尔墨斯还用芦苇做了一支笛子，阿波罗也十分喜欢，愿意用可以调解纷争的黄金手杖来交换。

宙斯为了让赫尔墨斯发挥特长，让

他做传旨者和信使，并送给他一双长着翅膀的鞋和一顶长着翅膀的帽子。于是，他成了众神中跑得最快的“飞毛腿”。

（李晶佳　改写）

阅读链接

希腊神话，是古代希腊关于神和英雄的传说和故事，是古希腊戏剧和艺术作品的重要题材，对古罗马以及后世欧洲文化的发展有重要影响。

7 女娲补天

《淮南子》

往古之时，四极废，九州裂。天不兼覆，地不周载。火爁炎（làn yàn）[1]而不灭，水浩洋而不息，猛兽食颛（zhuān）[2]民，鸷（zhì）鸟[3]攫（jué）[4]老弱。于是女娲炼五色石以补苍天，断鳌[5]足以立四极，杀黑龙以济冀州，积芦灰以止淫水[6]。苍天补，四极正，淫水涸，冀州平，狡虫[7]死，颛民生。

画线句子给了你什么样的感受？带着你的体会再来读一读。

注释

① 爁炎：火势蔓延。
② 颛：善良的。
③ 鸷鸟：凶猛的鸟。
④ 攫：抓取。
⑤ 鳌：传说中海里的大龟或大鳖。
⑥ 淫水：泛滥的洪水。
⑦ 狡虫：指毒蛇猛兽。

远古的时候，四根天柱倾折，大地陷裂。天不能全部覆盖万物，地不能完全承载万物。烈火燃烧不灭，洪水泛滥不消退，猛兽吞食善良的百姓，凶猛的鸟捕抓老弱。于是女娲炼出五色石来补苍天，砍下大龟的四足用作撑天柱，杀死水怪黑龙来平息大地，堆积芦苇的灰烬来抵御洪水。苍天得以修补，四个天柱得以扶正擎立，洪水消退了，四海太平了，猛兽杀死了，善良的百姓生存了下来。

阅读链接

女娲补天是中国上古神话传说之一，在《淮南子·览冥训》《列子·汤问》中均有记载。

8 神农尝百草[①]

王浧箫

炎帝神农氏是一位伟大的始祖神，他为人们的农耕与医药启蒙做出了巨大的贡献。因为他的称号比较多，人们有时会误认为炎帝和神农氏是两个不同的神，但其实炎帝和神农氏是同一位神。

让我们一起来读读神农氏的故事。

炎帝的外表非常奇特，他的头上长有两只又大又尖的牛角，身体是完全透明的，可以清楚地看见每一个器官。不认识他的人看到这样一副怪模样，总以为他是一个脾气暴躁、不好相处的人。

神话充满了神奇色彩，请圈画出炎帝外表的奇特之处。

但炎帝的部族——烈山氏的人们都知道，炎帝其实一点也不可怕，反而是一位性情柔和，像太阳一般温暖的首领。由于他擅长使用火焰，大家都尊称他为炎帝。

---

① 本文选自朱大可主编的《中国神话故事集》。

当时的人们主要依靠打猎填饱肚子，但打猎可不是一件容易的事情，遇到寒冷的冬天和雷雨的夏日，山上找不到一只野兽，大家就只能饿肚子了。炎帝为此忧心忡忡，在天气恶劣的情况下，他会安排部落里的族人休息，自己单独外出为大家寻找食物。

这天，炎帝又在外面寻找食物，忽然看到一只丹雀从太阳的方向飞来，嘴里叼着的谷穗掉落到地上，炎帝非常惊喜地跑过去捡了起来。

他认得这种植物，经过去壳加工之后，会脱落成一颗颗圆润嫩黄的小米，是一种非常美味的食物。不过周围的谷穗早被采摘光，他已经好久没有见过谷穗了。

三两口吃完谷子只能暂时充饥，为了长远考虑，必须将谷穗保留下来，让它们越变越多才行。为此，炎帝想出一个好主意，他将这根谷穗带回了部族，种植在土壤里。

炎帝带领大家开启了农耕时代，他给你留下了怎样的印象？

为了保证谷穗根部有足够的水分，炎帝砍下木头，制作成耒(lěi)耜(sì)和锄头用来翻土。而翻土过程中被挖出的泥土，也被聪明的炎帝充分利用。凭借优越的控火能力，炎帝将泥土烧制成不同大小的陶器，用来盛放和储存食物。

在带领大家一同烧制陶器的过程中，炎帝又制造出铜斧等一系列重要的农业生产工具。

在炎帝的精心照料下，谷穗茁壮成长，慢慢变成了一片又一片的田地。大家在田地里辛勤劳作，开启了农耕时代，再也不会饿肚子了。

为了表示感谢，大家又给了他一个更为亲切的称号：神农。

现在，你理解“神农”这个称号的含义了吗?

解决完粮食问题，炎帝神农氏开始着手解决草药的问题。在寻找野菜的过程中，他发现世界上形形色色的植物都具有不同的功能。

有的植物天生带有香气，可以泡水饮

用。有的植物富含营养，可以种植食用。有的植物含有毒素，吃下去就会生病甚至死掉，而有些植物又可以治疗伤口与疾病，成为药品。

为了方便归类，神农在自己的腰间挂了两个竹筐，左边的筐里放可以吃的植物，右边的筐里放能当作药材的植物。

这样的想象恐怕只有神话中才有。读读这一部分，画出你认为想象力最丰富的语句。

每次见到新的植物，他都会自己先吃进肚子里观察效果。由于他的身体是完全透明的，叶子在他体内经过哪个器官、发生怎样的变化都看得一清二楚，能够更快更准确地对植物进行分类。

但是这种方法具有极大的危险性。有好几次，神农都因为吃到了有毒的植物而濒临死亡，要不是他又找到了克制毒药的其他草药，恐怕就要永远地离开人世了。

有时候，神农甚至会故意吃下有毒的草，再将自己治好。最多的一次，他一天就吃下了七十种毒草，中了七十次毒。部落里的人都很为他担心，每次他一中毒，大家都为他掉眼泪，集体祈祷他痊愈。

神农不想让大家担心，便混合各种药草，编织成一根红色的鞭子，只要用这根鞭子鞭打植物，就能根据鞭子上的颜色变化，分析出植物是有毒还是无毒的，是热性还是凉性的。这个方法可比直接食用安全多了，很快，神农完成了对大地上所有植物的辨认工作。

炎帝神农氏身上有哪些值得我们学习的精神？和同学交流一下吧。

有了神农对药材的分类，族人们慢慢学会使用各种草药治疗伤病，生病的人数明显减少，大家都变得更加健康长寿。

而辨识完百草的神农，又忙着管理太阳的起落去了。为了人类的幸福生活，我们的始祖神真是一刻都闲不下来。

组文阅读

为民射日的后羿，不甘心失败的刑天……神话故事中一个个传奇的人物彰显着独特的魅力！

阅读神话故事，你会看到一个个鲜活的人物形象；理清故事发展的脉络，你会发现神话故事充满神奇和想象。来吧，一起去遨游神话世界！

1 后羿射日

《淮南子》

逮至[1]尧之时，十日并出，焦禾稼，杀草木，而民无所食。猰貐(yà yǔ)[2]、凿齿[3]、九婴[4]、大风[5]、封豨(xī)[6]、修蛇[7]，皆为民害。尧乃使[8]羿诛凿齿于畴华之野，杀九婴于凶水之上，缴大风于青丘之泽，上射十日而下杀猰貐，断修蛇于洞庭，擒封豨于桑林。万民皆喜，置[9]尧以为天子。

注 释

① 逮至：等到。

② 猰貐：怪兽名，形状各说不一，或说如牛而赤身、人面而马足，或说蛇身人面，或说龙首。

③ 凿齿：半人半兽的怪物，齿如凿子。

④ 九婴：长着九个脑袋的水火之怪，能喷水吐火。

⑤ 大风：一种凶猛的大鸟，或说是大凤，或说是大鹏，飞时有大风伴随，能毁坏房屋。

⑥ 封豨：大野猪。

⑦ 修蛇：长长的蟒蛇。

⑧ 使：命令。

⑨ 置：推举。

译文

到了传说中的尧的时代，天上有十个太阳一同出来，烤焦了庄稼，也晒死了草木，弄得老百姓没有饭吃。同时，猰貐、凿齿、九婴、大风、封豨、修蛇这些凶猛的奇禽怪兽毒虫，都来祸害老百姓。于是尧就派善于射箭的后羿在畴华郊野杀死了凿齿，在凶水之上杀死了九婴，在青丘湖边射死了大风，朝天上射击十个太阳（实际射中了九个），又杀掉猰貐，在洞庭湖斩断了修蛇，在桑林擒住了封豨。老百姓们很高兴，就推举尧做了首领。

阅读链接

《淮南子》相传是由西汉淮南王刘安及其门客通过收集史料，集体编写而成的一部著作。在思想上，《淮南子》继承了先秦道家思想，又糅合了墨家、法家和儒家等思想，为后世研究秦汉时期文化发挥了不可替代的作用。

② 愚公移山

古时候，有太行、王屋两座大山，方圆七百余里，高万丈。北山脚下有个村庄，村里农户不多。

住在这里的人每次出门办事，因这两座大山的阻隔，都要绕很久才能到南方去。所以很多村民都搬走了，有的搬到山南，有的干脆迁移到豫(yù)南地区。

村里住着一位老人，名叫愚公，快九十岁了，他们一家面山而居。平时倒也清静，但每天早晨一起床，抬头远望，只能看到高耸入云的山峰，连看到的太阳都比别人晚好几个小时。愚公心里不免堵得慌。他思来想去了好多年，也有过搬家的念头，但总是舍不得自己的家乡。

一天，他把全家召集起来，说："为了你们以后的生活更方便，我准备与你们一起，用尽我的余生铲平这险峻的大山，修一条通往南方的大道，使它一直通到豫州南部，到达汉水南岸。你们说好吗？"

大家纷纷表示赞同。特别是几个七八岁的孙子，拍着手高呼：“好呀好呀，还是爷爷有办法，爷爷真聪明！”

愚公的妻子却反对道：“老头子，你想好了再说。你抬头看看这两座山，你掂量它们的分量了吗？把我们全家甚至全村的力量聚集起来，每天一刻不停地挖，连魁父(fǔ)这座小土山都不能给搬走，何况这两座大山呢？”

“我看不用铲平这两座山，只要铲出一条道路来，出门便利就行。”小儿子分析说。

“那不行，这样会有山体滑坡的，特别是夏季，雨水一来，我们住在这儿得多危险，走在两山之间更危险。还是照父亲说的那样，铲平！”大儿子说。

愚公的妻子质问道：“假如真的挖了，那挖出来的泥土、石块又放到哪里去呢？”

大家又七嘴八舌地讨论起来。

大儿子说：“我们挖山挖下来的土可以送到魁父旁边。”

小儿子说：“石块和土都可以扔到东方的大海里。”

“这一点我也早想过了，把这些土石扔到渤海的边上，隐土的北面。这样可以省下很多力气挖山。”二儿子搓着手分析道。

第二天一大早，愚公便带着儿孙们开始挖山了，能挑担的挑担，能凿石头的凿石头，有几个孩子负责挖泥土，他们用箕畚(běn)把土石搬运到渤海的边上。

村里有个寡妇的儿子才刚刚换牙，也蹦蹦跳跳地加入搬山的行列中，捡拾着石子。村里的一些男人也在空闲的时候来帮忙。他们干得热火朝天，虽然每天挖不了多少，但他们依然唱着欢乐的歌儿坚持着。愚公告诉儿孙们，这两座山早晚都会被他们铲平的。愚公的妻子虽然感觉困难，但还是给他们送水送饭，帮忙缝补蹭破的衣衫。

河曲有一个老头儿，自认为很聪明，常常到处游荡，指点别人的愚昧做法。所以人们送他一个名字——智叟(sǒu)。

智叟知道这件事后，特地赶来劝愚公：“你这样做太愚蠢了，你看看你已经这把年纪了，连山上的一根草都动不了，又怎么能把这两座山挖平呢？”

愚公回答说：“感谢您的提醒。我这不是有一大帮儿子、孙子在吗？他们可以完成呀。”

智叟抬头看了看高耸入云的山头，指着这绵延数百里的大山说：“你抬头看看，就凭你们这些人，又有多大的能耐呢？假如你感觉生活不方便的话，完全可以搬到交通便利的地方居住，何必在这儿浪费精力呢？”

“你这个人真是太顽固了，我简直没法和你讲清道理，还不如我们村的寡妇、小孩子呢！”愚公长叹一声说，“即使我死了，还有儿子在呀。儿子又生孙子，孙子又生儿子；儿子又有儿子，儿子又有孙子；子子孙孙没有穷尽。可是山不会增高加大，我们为什么挖不平呢？”

智叟无言以对，只得自言自语：“真是愚昧无知啊，不听我的劝告，你们一定会后悔的。”

负责这两座山的山神一看，慌了神，假如愚公一直挖下去该怎么办呢？他赶紧把这个消息报告了天庭。

“真有这事？”天帝听完汇报，嘴巴好久都没合拢，这简直不可思议，这么高的两座大山，他竟然有如此的毅力把它们搬走！这么大年纪了，还有如此恒心给子孙造福。长此以往，不仅我的山没了，甚至连大海也给填上了。他立即叫来夸娥氏的两个儿子，对他们说：“你们两位大力神立刻到凡间看看，把这两座山背走，一座放在朔州东部，一座放在雍(yōng)州南面。”

从此，从村庄到豫州的南部，直到汉水的南岸，再也没有高大的山阻隔了。

（张媛　改写）

③ 金羊毛的冒险

伊俄尔科斯国国王埃宋是个贤明的君主，他把国家治理得井井有条，人民安居乐业。但埃宋的弟弟珀利阿斯阴险狡诈，不仅篡(cuàn)夺了王位，还把埃宋父子俩赶出了国境。父子俩四处流浪。

父亲埃宋带着儿子伊阿宋历尽千辛万苦、走遍千山万水，终于找到了当时的教育家喀戎，让儿子拜他为师。喀戎决定尽自己平生所能，将伊阿宋培养成才。这让埃宋父子俩更增强了复仇的信心。

喀戎按人们心目中的英雄形象严格训练着伊阿宋。一晃十几年过去了，少年伊阿宋变成了魁梧强健的青年，他琴棋书画、诗词歌赋、骑马射箭样样精通。

伊阿宋回到故国，向叔叔讨还王位。珀利阿斯望着眼前这位手持长矛、身披豹皮、长发垂肩、气宇轩昂的侄子，心想：这可真是个难对付的家伙！他的回归让我的江山社稷(jì)难保。

这时，一个狠毒的计划产生了。

“孩子，这么多年来，你真没辜负叔叔对你的用心良苦啊！为了让你真正能学到有用的学问，我不惜背负骂名。看到你学成归来，我也心安了。但王位不能给你，我要知道你是不是真正的英雄，如果你能把金羊毛取回来，这神圣的王位就是你的了。”

伊阿宋从小就听说过金羊毛的故事：

传说，神的使者赫尔墨斯赠给佛里克索斯母亲涅斐勒一只金毛羊，它浑身长满纯金羊毛且带有双翼。作为云间仙女的母亲返回云中后，佛里克索斯为了逃避后母伊诺的陷害，骑着金毛羊逃到了科尔奇斯，受到国王埃厄忒斯的热情招待。为了答谢神的庇佑和国王的恩典，他杀了金毛羊，把羊献给了万神之王宙斯，把金羊毛赠给了埃厄忒斯。埃厄忒斯将金羊毛钉在阿瑞斯圣林中的一棵橡树上，并让一条永不睡觉的巨大毒龙看守。

金羊毛乃无价之宝，它不仅象征着财富，还象征着冒险和不屈不挠的意志，更象征着对理想和幸福的追求。所以，谁都想得到它，但没有一个人成功，许多英雄豪杰甚至在临死之前连它的影子都没看到。

伊阿宋决定接受挑战。

伊阿宋和众英雄将乘坐的大船命名为“阿尔戈号”，即“轻快的船”之意。船要起锚了！江边潮流奔涌，江上船帆招展，江岸人头攒动。珀利阿斯假惺惺地拍着伊阿宋的肩膀说：“小心啊，伊阿宋，叔叔等着你凯旋。”那嘲弄的笑意里带着让人不易察觉的幸灾乐祸。老师喀戎和父亲埃宋泪湿衣襟，叮嘱伊阿宋一定要小心。伊阿宋含笑说道：“放心吧，我会拿来的！”伊阿宋一声号令，“阿尔戈号”消失在茫茫的大海中。

据说，这是希腊人驶向大海的第一艘大船。在茫茫的大海上，他们遇到过暗礁，遇到过海盗，不断遭受巨浪的冲击，历尽了千难万险，终于到了科尔奇斯。

伊阿宋决定去觐见国王埃厄忒斯。他递上带着橄榄枝的求见书，国王接见了他。伊阿宋是个坦率的人，他见到国王后，就说明了来意。国王哈哈大笑：“年轻人，我佩服你的坦诚、胆量和智慧，可金羊毛是我的传国之宝，怎能轻易外传呢？这件事免谈，送客！”

国王起身离去，伊阿宋立刻奔过去，拦住国王说：“我知道很难，但我答应您所有的条件。”

国王愣了一会儿说：“年轻人，我了解你的处境，你得到金羊毛的目的是想换回王位，不如做我国的驸马，这王位还是你的。”

伊阿宋彬彬有礼地说：“感谢国王对我的器重，但复仇和实现诺言更重要。”

国王说：“我很欣赏你的胆量。既然你意已决，我就给你个机会。你只要完成两件事，就可以得到你想要的。”

伊阿宋说：“请讲。”

国王说：“第一，我有两头凶猛无比的神牛，它们生有四只铜蹄，奔跑起来没有任何人能敌，鼻孔会喷火。黎明时，你驾着它们去耕种四亩贫瘠的土地。土块被犁开后，你需要撒下一种可怕的毒龙牙齿。晚上，会有凶恶的武士从四面八方涌向你，你要用利剑把他们一一刺死。第二，守护金羊毛的是一条毒龙，只要你能把它制服，你就可以拿走金羊毛。”

伊阿宋知道，每一件事都会面临万劫不复的死亡。国王上下打量着眼前的年轻人，心里沾沾自喜：我这传国之宝之所以能稳如磐(pán)石，不是都靠这些吗？

“谢谢国王陛下给我这个机会，告辞！”伊阿宋立刻转身离开。

伊阿宋回到住所，英雄们劝他不要答应国王。但伊阿宋坚定地说：“我不会改变初衷的。”英雄们个个忧心忡忡，房间里瞬间沉默，谁也不愿多说一句。

就在英雄们一筹莫展之时，国王的女儿美狄亚来访。原来，伊阿宋和父亲的一番对话她全听见了，她决定不惜一切代价帮助伊阿宋。有了公主的帮助，英雄们看到了希望。

第二天黎明，伊阿宋涂上美狄亚送给他的神药水，药水的神奇力量立刻布满他身体的每个部分，他带着同样涂满药水的剑和盾牌出发了。他威武地站在晨曦(xī)中，不远处放着巨大的铁轭(è)和铁犁。

这时，只见远处的山洞里金光一闪，瞬间，传来两声惊天动地的怒吼，两头鼻孔喷着烈焰的神牛已经奔到他面前。只见伊阿宋镇定自若，在两头气势汹汹的神牛间巧妙地周旋着。牛角够不着他，铜蹄踢不到他，即使是火焰喷到他身上和武器上，也因有药水的保护而伤不着他。凶猛的神牛在多轮攻击后显然慢了下来，只见伊阿宋猛地扑上去，一把抓住牛角，用力拖向铁犁。虽然牛拼命挣扎，但无奈伊阿宋神力无边，只能眼睁睁地被套上铁犁和铁轭。伊阿宋用剑在牛身上猛抽几下，两头愤怒的牛向前狂奔，身后犁出了深深的垄沟。伊阿宋紧跟其后，播下毒龙的牙齿。瞬间，四亩田地全部耕种完了。伊阿宋用剑挑下铁犁和铁轭，两头牛顷刻间无影无踪。

夕阳西下，伊阿宋播种的毒牙全长出来了，全是身披铠(kǎi)甲、手持盾牌长枪的武士。他们犹如得到命令般向伊阿宋冲来。这时，一块巨石落在他们之间，伊阿宋立刻用盾牌遮住自己，这些由毒龙牙齿生成的武士骚乱起来，他们怒吼着厮(sī)杀。顿时，旷野间吼声震天，飞沙走石。就在武士们筋疲力尽之时，伊阿宋飞入阵中，一把利剑上下翻飞，横扫战场。武士们无一存活。

伊阿宋决定趁热打铁，当夜便去盗取金羊毛。他在众英雄中挑选了俄耳甫斯，连同美狄亚，他们三人穿过迷宫一样的灌木丛，来到那棵钉着金羊毛的橡树附近。树下，那条永不闭眼的毒龙来回巡视着。听到动静，毒龙长啸一声，吐着钢叉似的舌头，张牙舞爪地扑过来。

只见俄耳甫斯沉着地抱起他的七弦琴，转轴拨弦，悠扬的琴音和着他嘹亮的歌声便飘荡在树林间。一时间，所有的叫嚣(xiāo)声停止了，仿佛空气都凝固了。可怕的毒龙垂下它凶猛的头颈，那对闪耀着寒光的从未闭合的眼睛终于闭上了。

这时，伊阿宋飞快地冲上去，踩着巨龙的身体攀上树梢，取下了闪闪发光的金羊毛。

三人立即向海边飞奔而去。众英雄早已张好帆支好桨，在急促的桨声中，“阿尔戈号”胜利返航了！

（李雪玲　改写）

日积月累

任何神话都是用想象和借助想象以征服自然力，支配自然力，把自然力加以形象化。

——马克思

神奇的预言是神话，科学的预言却是事实。

——列宁

④ 刑天挥舞盾牌和斧子[1]

袁　珂

蚩(chī)尤反抗黄帝失败以后，又有一个无名的巨人起来反抗黄帝，为炎帝复仇，立志要推翻他那宇宙最高统治者的宝座。

这个巨人，本来没有名字，由于后来被黄帝砍掉了脑袋，人们就叫他“刑天”。“刑天”，就是“断头者”的意思。

他本是太阳神炎帝的臣子，生平酷爱音乐，当炎帝统治宇宙的时候，刑天还替炎帝作了一支乐曲，叫作《扶犁》，又叫《凤来》，还创作了一首诗歌，叫作《丰年》。从这些歌曲的名称中，可以想见当时人民所过的生活是怎样幸福快乐了。

但是新崛起的黄帝却用强大的武力打败了炎帝，把炎帝逼迫到南方去做个小小的一方天帝。仁爱而柔懦(nuò)的炎帝只好忍气吞声，不敢再和黄帝抗争。刑天虽然和蚩

---

①本文选自袁珂的《中国神话故事集》。

尤一样，也曾力劝炎帝举兵复仇，却没有能够动摇炎帝委曲求全的决心。

刑天自然是愤懑(mèn)的。当蚩尤举兵反抗黄帝的时候，他心里也曾燃烧起希望的火焰，想一同去参加这场斗争，却被炎帝制止住了。后来听说蚩尤失败，被杀身死，他再也忍耐不住，决定采取单独行动，去和黄帝见个高下。

他偷偷离开南方天庭，左手握了一面盾，右手拿了一把板斧，气呼呼地一直奔向中央天庭，径去向黄帝挑战。他一路经过许多关隘(ài)，和把守重重天门的天兵天将交锋，都没有一个是他的对手，因而势如破竹，一直杀到黄帝的宫门前。

黄帝听说刑天杀来，怒不可遏，登时提了一口宝剑，亲自出来迎战刑天，两个在云端里剑斧交加，你来我往，拼命厮杀。杀了许多时候，不分胜败。不知不觉，从天庭一直杀到凡间，一路杀去，直杀到西方常羊山的近旁。黄帝觑(qù)了个空子，冷不防一剑向刑天的颈脖砍去，只听得“嚓”的一声，刑天那颗像小山丘样巨大的头颅，就从脖颈上滚落下来，落在山脚下了。头颅落地和滚动的声音，就像天上的轰雷，震得山谷和林木都发出嗡嗡的回响。

刑天一摸脖颈上没有了头颅，心里发慌，忙把右手的板斧移给左手握着，蹲下身来伸手向地上乱摸，周围的大山小岭都给他摸了个遍。那参天的树木、突兀(wù)的岩石，在他巨手的接触下都断折了、崩溃了，只弄得烟尘迷漫、木石横飞。

黄帝恐怕刑天摸到头颅，在脖子上凑拢起来，又将有一场厮杀，倒是麻烦的事，因此赶忙提起手里的宝剑，向着常羊山这么一劈，“哗啦”一声，一座大山被分为两半，巨人的头颅骨碌碌地滚入山中，大山又合而为一。

正蹲在地面上摸索头颅的刑天，一下子停止了动作。他蹲在那里，呆呆的，身体就像是一座黑沉沉的大山，生根在那里已经有了千百万年。他知道他的头颅已经被埋葬，他将永远身首异处了。他的看不见的敌人此刻也许正站在他的面前，发出胜利的得意的哈哈大笑呢。

他失败了吗？——不，他并没有失败！至少他并没有甘心他的失败！

他突然站起身来，一只手拿着大板斧，一只手拿着那长方形的盾，向着天空乱挥乱舞，继续和面前的看不见的敌人做拼死的战斗。

赤裸着上身的断了头的刑天，在我们看来，他是拿他的两只乳头来当作眼睛的，拿他那肥大的圆圆的肚脐来当作嘴巴的。他虽然被斩断了头，但他的身躯可以做他的头。

看啊，这个战斗不息的巨人的形象是多么威猛：他那长在胸前的两只眼睛似乎真要喷吐出黑色的愤怒的火焰，他那长在肚子上的阔大的嘴巴似乎真要骂出诅咒（zǔ zhòu）敌人的言语。他只不过被阴谋的宝剑偶然砍去了头颅，他并没有失败！他并没有失败！他还有战斗的力量和勇气。虽然他的敌人老早已经逍遥地跑回天庭去了，可是他一直到现在还在常羊山的附近，挥舞着他手里的武器……

阅读链接

刑天虽然失败了，但是他永不妥协的精神却永远激励着后人。东晋诗人陶渊明曾写诗对刑天的这种精神大加赞赏，诗中云：“刑天舞干戚，猛志固常在。”

阅读实践

读这组神话故事，了解故事的起因、经过、结果，学习把握文章的主要内容。

文章题目	主人公	起因	经过	结果
《后羿射日》				
《愚公移山》				
《金羊毛的冒险》				
《刑天挥舞盾牌和斧子》				

从这四篇神话故事中选取一个个性鲜明的人物，写出这个人物形象的特点并说明理由。

人物的名字：

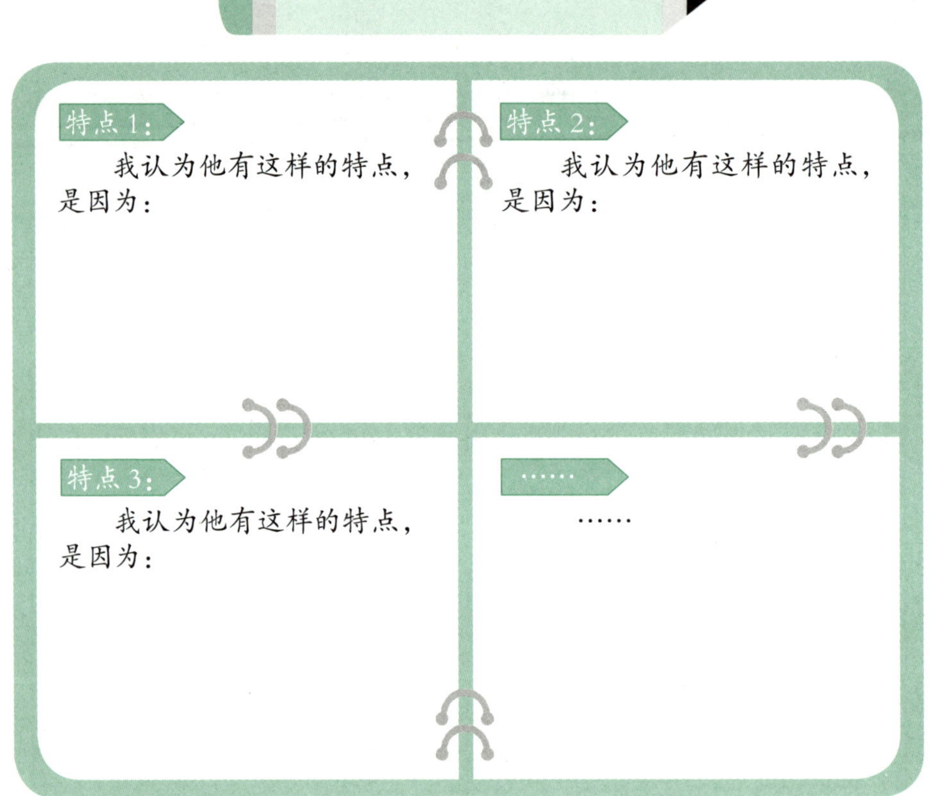

在你读过的神话故事中，选一个神话人物，想象一下，如果你和他一起生活一天，会发生什么故事。把这个故事写下来，并讲给同学听。

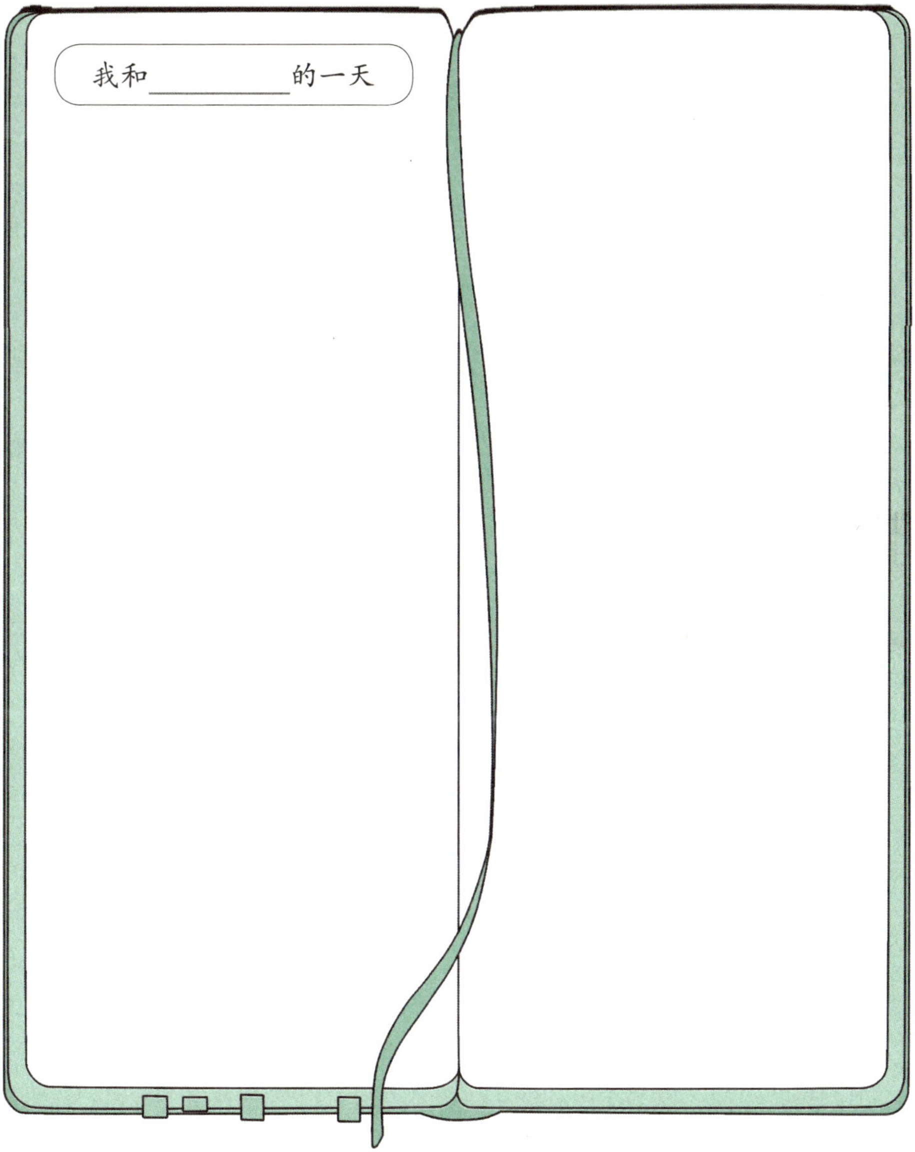

我和________的一天

自由阅读

1 夸父逐日

《山海经》

有人说，夸父追赶太阳说明他有雄心壮志；也有人说，他与太阳赛跑是不自量力。你是怎么看待这件事的？

夸父与日逐走[1]，入日[2]，渴，欲得饮，饮于河、渭；河、渭不足，北饮大泽，未至，道渴而死。弃其杖，化为邓林[3]。

注释

① 逐走：追逐赛跑。
② 入日：追赶到太阳落下的地方。
③ 邓林：即桃林。

夸父与太阳赛跑，一直追赶到太阳落下的地方，他感到口渴，想要喝水，就到黄河、渭水喝水；黄河、渭水的水不够，他又去北方的大湖喝水，还没赶到大湖，就在半路渴死了。他遗弃的手杖，化成了桃林。

② 女娲造人[①]（节选）

张荣佩　谭旭东

读这个故事，要弄清楚女娲为什么要造人，她是怎么造人的，大地上有了人以后又发生了哪些变化。

女娲是第一个来到大地上的女神，她对大地有着天然的亲近感。第一次来到人间的时候，她就被阳光下温热的土地感动了。她小心地抚摸绒毯一般的草地，嗅闻花朵和泥土的芳香。

忽然，她注意到有一朵蒲公英。她从没见过这样的花。她好奇地靠近，轻微的呼吸瞬间就打散了脆弱的绒球。女娲先是一惊，继而又感到欣喜。阳光下，那金色柔毛包裹着的一颗颗种子仿佛活了，自由自在地乘风远行；风止之处，就落地生根，孕育出新的一轮生命。女娲为大地上形态各异的生命惊叹不已。

女娲心想，她要走遍每一寸土地，探索世界的奥秘。话说女娲的上半身和我们一样，有躯干、头和手，但腿

① 本文选自谭旭东主编的《神话故事》。

和脚却是巨蛇一般的模样，她只要灵巧地摆动蛇尾，便可以在大地上飞快地游走。

女娲在大地上走了很久很久，很远很远，从夏天走到冬天，从密林走到雪山。她倾听着世间的一切声响：微风在她的耳边轻轻滑过，劲烈的北风会呼呼作响；雪压在枝头，会有咯吱咯吱的挤压声；哔啵哔啵是春日里蓓蕾轻微破裂的声音；河流奔腾坠落发出轰鸣；还有雷和雨的怒吼与倾诉。这一切都动听无比！可是，女娲总觉得还缺了点什么。

女娲坐在溪畔的草地上，闭眼沉思。这时，一阵微风吹过，毛茸茸的莠(yǒu)草在女娲的身上轻抚，挠得她直痒痒。女娲咯咯地笑起来，笑声在山谷间回荡。

“噢！”女娲惊呼起来，对呀，世间缺点笑声！

那怎么办呢？女娲随手团起一块岸边的泥土，照着溪中自己的倒影，捏出一个蛇身泥像来。然而用泥巴做的蛇尾，细细软软无法立起，于是女娲将泥像的尾巴分成两条，这才可以稳稳地立在地上。女娲把他们叫作“人”。

人一落地就有了呼吸，兴奋得乱蹦乱跳，口中叫嚷着：“妈妈，妈妈！”女娲看了也心生欢喜，一口气捏了好多个小人儿，可她仍然嫌太慢，她想让这美好的生灵赶快充满整个大地。她想起了随风散播种子的蒲公英，忽然就有了灵感。女娲用自己的尾巴在泥潭中一甩，星星点点的泥巴飞溅在空中。女娲朝它们吹了一口气，泥巴就变成了一个个有血有肉的小人儿，笑声即刻充满了天地之间。

女娲身边的人越来越多，不一会儿，他们就开始拥挤吵闹，大声叫嚷："好饿！饿！""妈妈，妈妈，我饿了！"女娲应接不暇，一会儿没注意，他们就被正午的阳光晒成干裂的土块，夜晚又被冻得结出了一层冰霜。女娲看在眼里，急在心里。她忙给他们寻找居住的洞穴和树屋，以遮蔽烈日和严寒。她又找来在游历时发现的野果和粮食，教会他们辨认种植，带他们采集狩猎。她忙忙碌碌许久，终于将他们安顿下来。

女娲看着小人儿们为生活忙碌起来，感到十分欣慰。人们不知疲倦地建造房屋、勤劳工作，为大地带来了新的生机和活力。她在竹林边上放松休息，陪伴着她创造出的孩子们。女娲感到幸福的时候，大地就始终是春日和煦，而不一会儿，劳累的女娲睡着了，这时候天色灰暗，大地惊雷，狂风骤起，大风呜咽着吹过竹林，风声在竹管中盘旋，发出凄厉的啸叫，人们害怕极了，瑟缩在洞穴中，紧紧地依偎在一起。尖锐的风声吵醒了女娲，她看到人在大自然中是如此的脆弱，他们的害怕、孤独、悲伤和幸福都是那样的微不足道，既无法让狂风停止，也无法让心灵回温。她感到无比的悲伤，她不在的时候，这些孩子怎样才能在世界上幸福快乐地生活呢？

女娲看着那些在树洞中相互依偎的人们，让他们结为伴侣和朋友，让他们可以结伴在世间游历，互相倾诉陪伴。她又传递给人们爱的能力。倏(shū)忽之间，人们感觉心中流淌起一股暖意，像是在口渴的时候喝下一大口甘泉；像是从冰窟中走到阳光下，手脚酥酥麻麻地回暖。人们不仅获得了生命，还和身边的人相亲相爱。他们像是在妈妈的怀里，幸福得无法用语言表达，他们只能开心地叫嚷，胡乱蹦跳。

女娲也笑了，她一笑，大地又回到春意盎然的时刻，万物生长，竹子抽节拔高，又粗又壮。女娲挑选了十九支长短粗细不同的竹管，扎在一只葫芦上，制成了“笙簧”。女娲轻吹笙簧，竹管中的气息流动，传出悠扬的乐曲。人们安静下来，如痴如醉地沉浸在美妙的旋律中。女娲将这乐器赠予人类，从此，人们便学会了用乐曲表达自己的情感。每天劳作之后，人们围坐在一起，吹奏心中的感动、悲伤和幸福。女娲看人们已经能够过上安稳幸福的生活了，便决定离开人间。

人们向女娲拜谢，尊称她为“大地之母”。一个阳光灿烂的午后，天边雷声滚滚，巨响中，一条白色巨龙拉着七彩变幻的云车从天而降。女娲乘上车，一条螣(téng)蛇[①]在车后腾飞，唤起云雾保驾护航。女娲在天空盘旋几圈，便消失在了金色的云海中。

日积月累

自由自在　形态各异　应接不暇　不知疲倦

微不足道　春意盎然　如痴如醉　保驾护航

① 螣蛇：古书上说的一种能飞的蛇。

③ 燧人氏钻木取火[①]

王天娇

几十万年前的一个傍晚，阴沉的天空雷声滚滚，巨雷击中了树木，大火熊熊燃起。

读读故事，了解故事的起因、经过和结果，把握文章的主要内容。

几个披着兽皮的人不顾危险，慌张地跑到树旁，小心翼翼地把燃烧的树枝带回山洞。这就是他们要守护的火种。

那时的人还不会人工取火，只能依靠天然火，不过天然火不容易遇到，得到火种需要很好的运气。

人们选出守卫，日夜守候在火种旁边，用干燥的树枝和树叶引燃火焰，希望火永远都不会熄灭。不过这太难了，一阵突如其来的风，一场大雨，或是守卫的不小心，都会导致火焰熄灭。

火对他们太重要了，没有火焰，居住在深山里的人捕食鸟类或野兽后，只能吃有腥味儿的生肉，临近水源

① 本文选自朱大可主编的《中国神话故事集》。

的人也只能生吃鱼类、蚌类等食物，很多人因肠胃不适，渐渐染上了重病。

人们不断地尝试取火的方法，不知经历了多少年月，却全都失败了。

直到很久以后，出现了一位智者。没有人知道他的名字，只知道他是一个极富智慧的人。为了找到取火的方法，他离开了家，孤身一人，不停地走啊走，去了很多常人难以到达的地方。

后来，他走了很远很远的路，来到了遥远的西方大地上，那里远得连太阳和月亮都照耀不到。

那儿有一个神秘的国家——燧明国。燧明国终年不见天日，也没有白天和夜晚的区别。燧明国的正中央，挺立着一棵美丽茂盛的巨树，人们都叫它燧木。高高的燧木被云雾环绕，树枝和树干广阔得看不到尽头，几乎能遮住整个燧明国。

智者累极了，靠着燧木的树干休息，快要睡着的时候，他发现了一件非常奇怪的事。

燧木粗壮的枝干上，浮现出点点的火光。火光越来越多，就像闪亮的星星，把周围都照亮了，连人的身上都染上了亮莹莹的绿色。

这是怎么回事呢？智者仔细地观察四周，发现一些大鸟在“嘟嘟”地啄着树干。它们长得像鹗(è)，有长长的爪子、白白的肚子，脊背上长着黑黑的羽毛。这些鸟儿每啄一下树干，就有火光飞散出来。

原来是鸟儿的原因！智者受到启发，他马上拾了一些燧木的树枝，用细小的树枝在粗大的树枝上钻孔，就像鸟儿用尖嘴啄木头一样。

他双手搓着小树枝，直到掌心变得通红，可是却什么都没有发生。

他摸摸树枝，竟然是潮湿的。他歪着头想了想，又一次尝试，这次他折了几枝干燥的树枝。

他的速度越来越快，树枝之间产生摩擦，变得越来越热，渐渐地冒出了几丝细烟。智者非常激动，顾不上胳膊酸痛，继续用力，不一会儿，微小的火光出现了。

可是火太小，一下子就被风吹灭了。

智者没有放弃，他尝试了一次又一次，累得满头大汗。他在小孔的周围铺上干燥的树叶，火光又出现了！

火引燃了树叶，而且燃烧得越来越大。他看到了明亮的火光，开心地把手放在火旁，尽情地感受火光的温暖。

然后，他迫不及待地离开燧明国，把钻木取火的方法教给了外面的人，这可是人们第一次学会人工取火。从此以后，人们不必再苦苦等待天然火的出现，也不必小心地守护火种，而是可以自由地创造出火，这可是一项了不起的发明。

这位智者给你留下了什么印象？

懂得人工取火之后，人们的生活发生了好多的变化。他们用火来烤熟食物，那些生病的人逐渐好起来。大家还用火来照明、取暖、驱赶野兽……越来越多的人聚集在火焰的周围，一个接一个的部落就这样形成了。

为了感念发明取火方法的智者，人们把他称作“燧人氏”，他的传说也被一代一代地流传了下来。

阅读链接

传说，燧人氏钻木取火，教人熟食，结束了远古人类茹毛饮血的历史，开创了中国火文明，被后世奉为“火祖”。

④ 拉祜族神话——扎努扎别

远古时代，天很低，就像一个大铁锅一样罩着大地。世间也没有人，一天，从地下冒出一个人来，他的名字叫扎努扎别。他的身材十分高大，头顶着天，脚踩着地。他的力气也大得惊人，大手一按，就可以压扁一座小山，一步可以跨越七八里路。

扎努扎别非常勤劳。一天，他用棒槌舂米时，举起的棒槌碰着了天，竟然把天给顶上去了。天神厄莎造了天地，现在发现天升高了，自然高兴，便决定收扎努扎别当儿子，教他种地。但扎努扎别不愿意做厄莎的儿子，更不愿意用厄莎所说的方法种地。

扎努扎别看中一片平原，于是用芟刀铲地，吆喝牛来犁地，他一连犁了七天七夜，一刻没停，终于开垦出了田地。春天，他把寻来的种子撒在田地里。不久，谷子就发芽了。他每天浇水、施肥、除草，谷子抽穗了。秋天，扎努扎别收获了一地的谷子。

厄莎认为：我创造了天地和万物，扎努扎别理所应当来朝拜我，向我进贡！所以，八月十五这一天，他坐在家里，等着扎努扎别的到来。他等了一整天，也没等到。又等了一周，还是没等来。扎努扎别将新打下的谷子供奉给了锄头，还给牛做了口粮。

厄莎非常生气地去质问扎努扎别："天地都是我创造的，你竟敢不把粮食献给我，反倒给了锄头和牛！"

扎努扎别平静地说："我亲爱的天神，锄头帮我耕地，牛帮我犁地，我用自己的劳动种出的粮食，理应给它们，凭什么要给你呢？"

厄莎怒气冲冲地看着扎努扎别，没说什么。晚上，扎努扎别的田地里多了很多石头，扎努扎别知道这是厄莎所为，但他并不介意，只是把石头装在扁担里，全部扔到东海。

扎努扎别在田地里耕种，厄莎放出七个太阳，毒辣辣的太阳光炙烤着大地，扎努扎别不怕，他做了一个七层的大帽子罩在头上，一点儿也不晒。厄莎又把太阳、月亮和星星全都收起来，天地间黑暗起来，但扎努扎别寻来松明和蜂蜡，捆在牛角上当作蜡烛，依然正常生活。

厄莎恼羞成怒，他立于天庭之上，大手一挥，掀起了一场狂风暴雨。很快，洪水冲向陆地，淹没了庄稼。扎努扎别连忙在庄稼的四周挖渠排水，因洪水猛烈，差点儿把他淹没，他立刻奔赴海边，两只胳膊一抬，分别把阻挡洪水入海的两座大山搬到一旁，洪水顿时倾泻而去。狂风刮了三天三夜，暴雨下了三天三夜，炸雷打了三天三夜，扎努扎别依然稳若磐石，安然无恙。

此时的厄莎恨透了扎努扎别，他知道，只要扎努扎别活在世上一天，自己的尊严就不复存在。但，厄莎已经黔(qián)驴技穷了。

日子就这样平静地过了很久。一天晚上，扎努扎别的身边总被一只牛粪虫嗡嗡地围绕着，吵得他心烦意乱。他跳起来，生气地把牛粪虫打掉在地上，用脚狠狠地踩死了。此时的扎努扎别，感觉脚下一阵刺痛，一根毒针扎进了脚心里。很快，伤口就开始发痒变红，流出脓血。

原来，这是厄莎的一条毒计。他在牛粪虫的角上绑了一支浸过毒液的银针，趁着夜深将牛粪虫放进了扎努扎别住的地方。

扎努扎别寻遍了山野，也没找到有效的草药。无奈，他只好求助厄莎。厄莎装模作样地说：“我可怜的孩子，怎么会这么不小心呢？”然后拿出一包苍蝇卵，让他敷在伤口上，并千叮咛万嘱咐地让扎努扎别七天之内不能打开，否则药就会失效。扎努扎别遵照厄莎的嘱咐把药敷在伤口上。

几天后，扎努扎别感到脚疼痛难忍、奇痒无比，他再也忍不住了，决定撕开包扎伤口的布条，只见伤口早已溃烂，剧毒随着血液流遍全身，此刻的扎努扎别才发现上了厄莎的当，但已无力反抗了。

扎努扎别死后，百兽百鸟前来吊孝，遮住了半边天。厄莎大发雷霆，赶走了前来吊孝的动物。他又命令老鸹(guā)和老鹰来啄扎努扎别的肉，把啄掉的肉衔到很远的大海和山谷里扔掉。厄莎还是不解恨，把扎努扎别剩下的骨头晒干，磨成了碎末。此时，一阵大风吹来，扎努扎别的骨灰被吹向四面八方，吹到河里的变成了鱼，吹到空中的变成了飞虫和蚂蚁。它们成群结队汇在一起，与厄莎搏斗。一批又一批，厄莎终于抵挡不住，答应从此改邪归正，爱护世间万物。

> 厄莎虽然终于改邪归正，但不断抗争的扎努扎别还是死去了，你认为他的抗争成功了吗？

（孙娜　改写）

⑤ 丢卡利翁和皮拉

传说在青铜时代，万物的主宰宙斯不时听到住在世上的人类所做的坏事。于是，他决定化作凡人降临到人间察看。他到了很多地方，发现确实如此，甚至比自己听说的更严重。

宙斯怒气冲冲地回到了奥林匹斯圣山，立刻召集众神，商议将人类从地球上铲除。最后，他决定连降暴雨，用洪水来淹没人类。

一场毁灭性的灾难降临到人间。只见电闪雷鸣，倾盆大雨铺天盖地而来。转眼间，暴雨冲毁了庄稼，农民整整一年的辛苦都付诸东流。

这几句写出了百姓遭受的痛苦。除此之外，百姓们遭受的痛苦还有哪些？读一读下面的内容，把有关的句子画出来。

宙斯还召唤了冷酷无情的海神波塞冬。海神波塞冬把所有的河流召集起来，掀起狂澜，吞没房屋，冲垮堤坝。刹那间，整个大地变成了一片汪洋。

雨越下越猛烈，水势越来越大。过了不久，一座又一座高山被洪水淹没，人类的船只被暴风雨打翻了，人们也被洪水冲走了。后来，少数幸免于难的人也饿死在杂草丛生、一片荒芜的山上。

在福喀斯的陆地上，有一座山，它的山峰高于洪水之上，叫帕耳那索斯山。在这次灾难中，只有一对夫妻没有被洪水吞噬。丈夫叫丢卡利翁，妻子叫皮拉。丢卡利翁事先得到了父亲普罗米修斯关于洪水的警告，和他的妻子皮拉划着父亲为他们造好的小船，躲在船上漂泊，最终漂到了帕耳那索斯山。

宙斯在天上俯视人间，发现大地已经变成了无边无际的海洋，人类濒临灭绝，只剩下一对夫妻——丢卡利翁和皮拉。于是，宙斯命令北风吹散阴霾(mái)，让大地重见苍天，命令海神波塞冬让海水退去。慢慢地，群山露出来了，沾满污泥的树梢也露出来了，平原出现了，大地又恢复了原貌。

丢卡利翁看了看四周，发现大地已经失去了原有的风采，到处荒凉恐怖。他伤心地对皮拉说：“亲爱的，现在咱们两个人相依为命，要生存下去是多么艰难呀！虽然危险已经过去，但是我们只能孤单地生活在这荒凉的世界上，怎么办呢？我要是拥有父亲创造人类的本领就好了！”

夫妻俩越说越伤心，抱头痛哭起来。他们来到圣坛前跪下，向正义女神忒弥斯祈求：“仁慈的女神啊，请您告诉我们，怎样做才能再创造人类，帮助世界重生呢？”

“快离开圣坛。”女神说，“蒙上你们的头，解开你们身上的衣服，把你们母亲的骨骼扔到身后去！”

丢卡利翁沉思片刻，恍然大悟，对皮拉说：“我们的母亲就是这大地，石块就是她的骨骼。亲爱的，女神叫我们扔到身后去的是石头呀！”

于是，他们转过身子，蒙住了头，解开了衣服，把石块往身后扔去。奇迹果然出现了：石块不再坚硬，而是变得柔软起来，慢慢膨大，渐渐地有了人的轮廓，石块上湿润的泥土变成了一块块肌肉，结实坚硬的石块变成了骨头，石块上的纹路变成了人体的脉络。

丢卡利翁和皮拉是怎样创造人类的？你觉得哪个地方最神奇？

在女神的帮助下，人类又被创造出来了。更神奇的是，丢卡利翁扔出的石块变成了男人，皮拉扔出的石块变成了女人。勤劳、坚强的人类再一次出现在了大地上。

（宋欣　改写）

《神话故事》

谭旭东　主编

神话故事是悠久灿烂的中华文化中一颗璀璨的明珠。由谭旭东主编的《神话故事》一书，在保持流传的中国神话故事原貌的基础上，去粗取精，并发挥想象，充分发掘出了每个神话人物的特性，使大家读来感到特别亲切有趣。如喜欢画画、玩泥巴、总把自己搞得脏兮兮的小伏羲，对音乐痴迷的刑天，由恶向善的天神猰貐……作者独特的发掘，拉近了神话人物与我们的距离，读着这些故事，感觉他们就像来到了我们的身边。

本书就这样为我们奉献了一个个美丽的神话故事，呈现了充满想象的神话世界。让我们走进这本书，走进神话世界，去感受神话的美好与魅力吧！

编者简介

谭旭东，湖南省安仁县人。著名儿童文学作家，评论家，已出版多部诗集、散文集、童话集、文学理论批评著作等。其作品曾获鲁迅文学奖、全国优秀畅销书奖等多项大奖。

内容梗概

《神话故事》一书是由谭旭东主编的“给孩子讲中国故事”系列中的一本。本书开篇就给神话人物做了关系图谱，厘清了中国神话体系，使读者对神话中的人物关系一目了然。它共讲述了26个精彩的神话故事。其中有盘古开天辟地、女娲造人的故事，有黄帝轩辕成长的故事，有后羿射日、嫦娥奔月的故事，还有鲧偷息壤治水的故事……阅读本书，能让人对中国神话故事产生酣畅淋漓的阅读体验。

西王母与不死药（节选）

正在激战的他们没有注意到，红眼镜蛇已经来到了树下。它看到蛇群损失大半，气急败坏，找准了没有反抗能力的小女孩，狠狠地扑了过去。蝮蛇看到后，立刻飞蹿上去，咬住了红眼镜蛇的尾巴。可还是太晚了，红眼镜蛇咬到了女孩的手，女孩立刻昏死过去。蝮蛇的毒液也侵入了红眼镜蛇，红眼镜蛇终于瘫软死去。群蛇眼见首领已经被制服，倏忽之间四处逃散开去。

西王母上前扶起女孩。女孩嘴唇发紫，浑身冰凉，蝮蛇悲哀地说："红眼镜蛇的剧毒无药可救。"

偏巧，树上的红色果实熟透了，掉了下来，滚落在西王母脚边。西王母想起刚刚蛇群对这果实的争抢，心想也许这果实有什么特异之处，便将果实的汁水滴到女孩的嘴里。果然，不一会儿，女孩的身体就回暖了。西王母将整个果实一点点喂给女孩，女孩终于醒了过来，大家都欣喜地围上来。

这时的他们忘了自己吓人的样子：四角山羊、九头老虎……出乎意料的是，这小姑娘没有被他们的模样吓到，醒来后不仅冲他们微笑，还一把抱住西王母，噙着眼泪向大家说：“谢谢你们。”

西王母从没有被人这样紧紧地抱着，她感觉自己暖烘烘的，似乎要融化掉整个昆仑山上的冰雪。土蝼、开明兽和蝮蛇也感到很不好意思——还从来没有人给他们说过谢谢呢。他们乐呵呵地挠挠头，嘟嘟囔囔，不知道该回应什么。

开明兽问她：“你不怕我们吗？”小姑娘摇摇头，说：“为什么要怕你们？你们救了我呀。”

西王母又问小姑娘从哪儿来，父母是谁。小姑娘统统记不起来。西王母又问她是怎么到昆仑山上来的，她说只记得她在山脚下发现一个山洞，洞中有一株巨大的藤蔓，她顺着藤蔓爬啊爬，就到了洼地的边缘。原来，那藤蔓就是血树的根，血树贯穿了整座昆仑山，吸收天地精华，成了天地间唯一一棵不死树。

女孩在昆仑山上住了下来，西王母给她取名叫“瑶姬”，把她当女儿一样爱护。瑶姬吃了不死树的果实之后，也变得有了神力，而且体态轻盈，能够乘云驾雾。原来这果实的汁水可以让人死而复生，永远年轻。若吃掉完整的果实，便能飞升为神仙。之后的日子，瑶姬和西王母一起，开始学习各种法术。

一年过去了，八岁的瑶姬一边在弱水边的沙地上写自己的名字，一边问道：“‘瑶姬’？这是什么意思啊？”

西王母摸着她的脑袋说：“瑶，就是美好；姬呢，是好女子的意思。就是说你是人世间最美好的女孩子。”

“好呀！”瑶姬站起来，雀跃地说，“你给我起的名字真好！”

瑶姬开心地蹦跳，全然没注意一脚踏入了弱水之中。西王母看到，心都揪了起来，她连忙伸手去抓，以为瑶姬会和那些靠近弱水的动物一样，一瞬间淹没在漩涡中。可谁知道，西王母担心的事情并没有发生，瑶姬又轻巧地蹦起来，浅滩上溅起闪亮的水花，她的裙摆也轻飘飘地浮在水面上。

西王母这才发现，不知道什么时候，弱水变得澄澈透明，水底有着大片的彩色云母，在阳光下反射出美丽的光芒。小鹿在岸边饮水，花瓣青草飘落在湖面上，聚成一幅流动的画卷。

瑶姬看到西王母在发呆，晃了晃她。西王母回过神，说：“这里从此就叫瑶池了，因为它和你的心一样干净而美好。”

看着兴奋地在瑶池上空飞舞的瑶姬，西王母心想：不知道世间还有多少人的心像瑶姬这样清澈？她决定再去人间走一回。她请青鸾、开明兽、土蝼和蝮蛇看守好不死树，便带着瑶姬下凡游历。瑶姬一到人间，就被好玩、好看的东西吸引了。

“娘亲，我出去玩了！”瑶姬对西王母挥了挥手，就飞得无影无踪了。

哇！西王母怎么会有尾巴和獠牙呢？查下资料你就知道了。

西王母对瑶姬很放心。她施展变化之术，藏起自己的尾巴和獠牙，刻意变成样貌丑陋的凡人，混在世人之中。每每看到不公平的事，她就偷偷施展神力，伸张正义。她好打抱不平，又分得清善恶，赏罚分明，慢慢地成为掌管世间刑罚和灾害的女神，这一做就是几千年。

血树上的不死药，九百年才能长出一颗。西王母把不死药封存在昆仑山的天雪中，想留给真正有需要的——下一个善良美好的人。西王母在心里想：到底谁才能配得上她那珍贵的不死药呢？

（张荣佩　谭旭东）

神话故事能带给我们真、善、美的启示。阅读时只有发挥想象，才能感受神话的神奇，领略神话的魅力。

神话是一个个有趣的故事，可以边读边思考故事的起因、经过和结果分别是什么，边读边感受故事中鲜明的人物形象。

活动一　完成阅读计划表

读书要持之以恒，每天一小步，每周一大步。为自己留下阅读的足迹吧！

故事名称	计划阅读起止时间	主要人物、事件	在书中标出或在表中填写以下内容：故事的神奇之处、最触动自己的情节	完成情况

活动二　提炼故事内容

关注故事中的人物形象，事件起因、经过、结果；把握故事的主要内容。

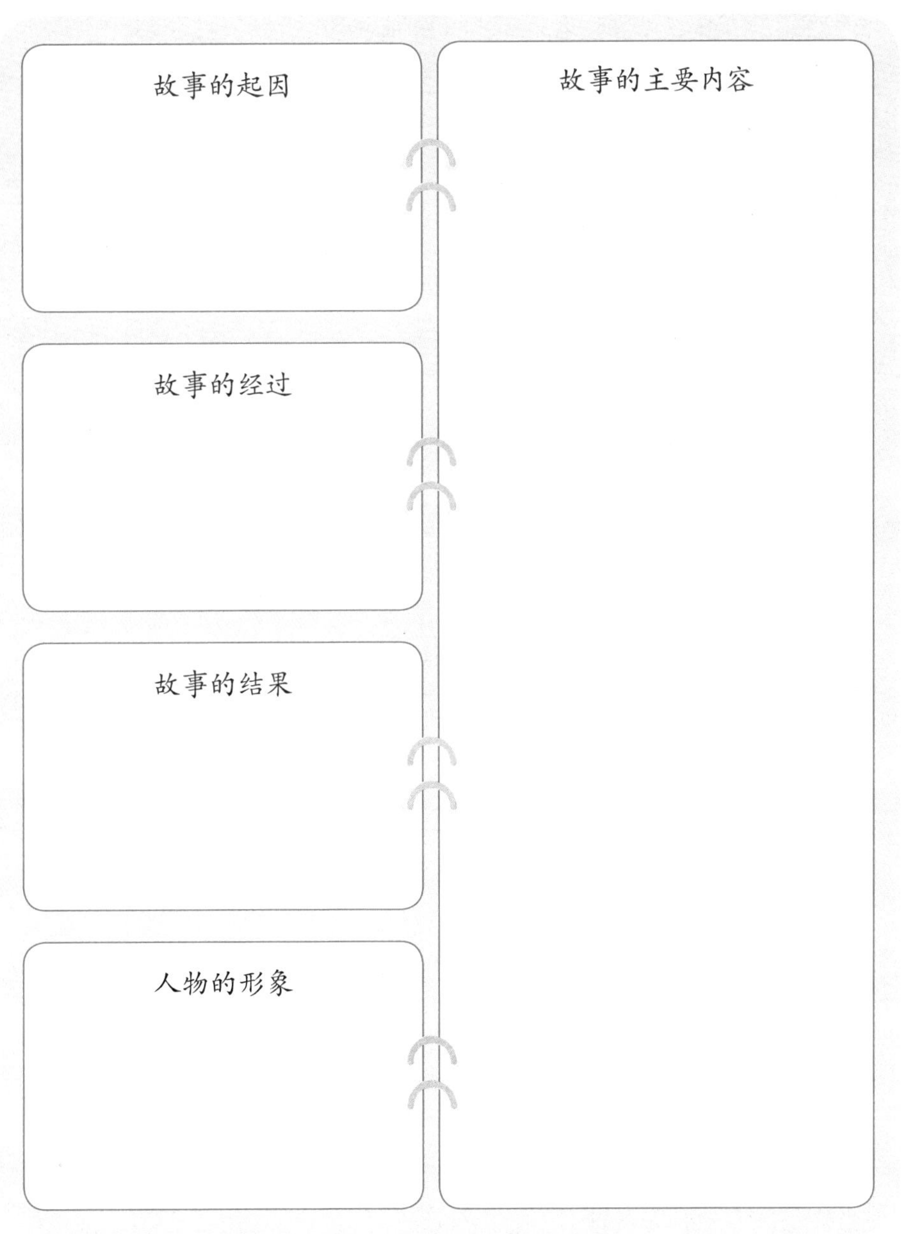

活动三　制作读书交流卡

读后和同学进行交流，不仅能强化记忆、加深印象，而且还能从交流中获取新的知识。

书中我最喜欢的一个故事是：

书中我最喜欢的人物是：

他的突出特点是：

我读这本书有以下几个方面的收获：

敬　启

为编好这本书，我们与收入本书的作品（含图片）作者进行了广泛联系，得到了各位作者的大力支持。在此，我们表示衷心的感谢。但是，由于个别作者地址不详，虽经多方努力，仍无法取得联系。敬请各位有著作权的作者尽快与我们联系，以便我们支付稿酬，并致谢忱！

我们还要感谢使用本书的师生们。希望你们在使用本书的过程中，能够及时把意见和建议反馈给我们，对此，我们深表谢意，并将给予一定奖励。让我们携起手来，共同完成本书的建设工作。

联 系 人：梁老师　张老师

联系电话：010-58022100

联系邮箱：ztxx2008@sina.com

网　　址：http://www.ywztxx.com

地　　址：北京市海淀区知春路7号致真大厦A座18层

图书在版编目（CIP）数据

慧眼观天下 / 孙传文主编. — 上海 : 上海教育出版社, 2021.6

ISBN 978-7-5720-0809-2

Ⅰ. ①慧⋯ Ⅱ. ①孙⋯ Ⅲ. ①阅读课—小学—教学参考资料 Ⅳ. ①G624.233

中国版本图书馆CIP数据核字（2021）第142041号

责任编辑　李光卫
封面设计　陈丽娟　王艺霖
著作权人　北京华樾教育科技有限公司

慧眼观天下
孙传文　主编

出版发行　上海教育出版社有限公司
官　　网　www.seph.com.cn
地　　址　上海市永福路 123 号
邮　　编　200031
印　　刷　山东新华印务有限公司
开　　本　720×1010　1/16　印张 36
字　　数　400千字
版　　次　2021年8月第1版
印　　次　2021年8月第1次印刷
书　　号　ISBN 978-7-5720-0809-2/G·0625
定　　价　168.00元

如发现质量问题，请向本社调换　　电话 021-64377165

★ 适合9至10岁 ★

慧眼观天下

HUIYAN GUAN TIANXIA

主 编 孙传文

名家寄语

学习语文，不能只读语文课本，还必须广泛阅读。

广泛阅读，可以提高阅读理解力；

广泛阅读，可以丰富知识，开阔视野；

广泛阅读，可以提升思维力、鉴赏力；

广泛阅读，可以促进人的精神成长。

新编的“语文主题学习”读本，包括古诗文经典诵读、优秀作品专题阅读和整本书阅读，是落实课内外阅读一体化的优质资源。

捧起这套读本读起来，你会越来越享受阅读，你的一生一定会因为阅读而精彩！

崔峦

用阅读涵养你的心灵，
让你变得聪明善良，胸怀
宽广，更富想象力和创造力。

谢[illegible]

发现美，学会爱，表达自己，
在阅读和写作中不断进步！

王一梅

閲讀是開啓美
好人生的鑰匙

趙麗宏
庚子九月

为自己读书
为美好读书

肖复兴
庚子岁末

读经典的书
做优秀的人

[illegible]

梦想，从现实起飞

刘[illegible]

目录

经典诵读

专题阅读一

专题阅读二

范文阅读

组文阅读

自由阅读

整本书阅读

经典诵读

童年是充满想象的诗，童年是充满欢乐的歌，让我们走进经典，通过想象古诗的画面感受诗人眼中的童年。

读完古诗后，让我们再阅读两篇古文，通过文中生动的情节体会其蕴含的道理。

扫码收听朗诵音频

1 牧童

[宋]黄庭坚

骑牛远远过前村，

吹笛风斜隔陇（lǒng）①闻。

多少长安②名利客，

机关③用尽不如君。

注释

① 陇：通“垄”，田垄，田地分界的稍稍高起的小路。
② 长安：这里借指朝廷。
③ 机关：心机，计谋。

牧童骑着牛远远地经过前村，轻风隔着田垄送来阵阵牧笛声。朝廷里多少追求名利之辈，用尽心机也不如你这般清闲自在。

扫码收听朗诵音频

② 闲居初夏午睡起（其一）

［宋］杨万里

梅子①留酸软齿牙②，
芭蕉分绿与③窗纱。
日长睡起无情思④，
闲看儿童捉柳花⑤。

注释

① 梅子：一种味道极酸的果实。
② 软齿牙：指梅子的酸味渗透牙齿。
③ 与：给予。
④ 无情思：没有情绪，指无所适从，不知做什么好。思，意、情绪。
⑤ 捉柳花：戏捉空中飞舞的柳絮。柳花，即柳絮。

译文

吃过梅子后，余酸还存留在齿颊之间，芭蕉的绿色映照在纱窗上。漫长的夏日，从午睡中醒来不知做什么好，闲着无事观看儿童追逐空中飘飞的柳絮。

③ 观游鱼

[唐] 白居易

绕池闲步①看鱼游，

正值儿童弄钓舟。

一种爱鱼心各异②，

我来施食③尔④垂钩。

注释

① 闲步：散步。
② 异：不同。
③ 施食：喂食。
④ 尔：你，指诗中的儿童。

译文

闲来无事围着水池散步看鱼儿游来游去，正好遇到一个儿童在船上钓鱼。我们同样喜欢鱼，但想法却各不相同，我是来给鱼儿喂食的，你是来钓鱼上钩的。

扫码收听朗诵音频

4 风鸢图诗①

yuān（鸢）

[明] 徐渭

柳条搓线絮②搓棉，

搓够千寻③放纸鸢。

消得④春风多少力，

带将⑤儿辈上青天。

注释

① 这是一首题画诗。风鸢，放风筝。风，乘风放飞。鸢，老鹰。古时风筝上常画老鹰而又名“纸鸢”。

② 絮：柳絮。

③ 寻：古代长度单位，八尺为一寻。这里用“千寻”形容很长。

④ 消得：消耗，耗费。

⑤ 带将：带领。

译文

将柳絮般的棉花搓成柳条般细长的线，搓够很长的线就可以放风筝了。春风啊，请问需要花费多少气力，你才能将孩子们也送上蓝天，让他们自由自在地翱翔呢？

5 狐假虎威

《战国策》

虎求①百兽而食②之，得狐。狐曰："子③无敢④食我矣，天帝⑤使⑥我长⑦百兽，今子食我，是逆⑧天帝命也。子以我为⑨不信⑩，吾为子先行，子随我后，观百兽之见我而敢不走⑪乎？"虎以为⑫然⑬，故⑭遂与之行。**兽见之皆走，虎不知兽畏⑮己而走也，以为畏狐也。**

注释

① 求：寻求，寻找。
② 食：吃。
③ 子：你。
④ 无敢：不敢。
⑤ 天帝：上天。
⑥ 使：派遣。
⑦ 长：为首领，执掌。
⑧ 逆：违抗。
⑨ 以我为：以为我。

⑩ 不信：不真实，不可靠。
⑪ 走：跑。
⑫ 以为：认为。
⑬ 然：真的，正确的。
⑭ 故：所以。
⑮ 畏：害怕。

老虎寻找各种野兽来吃，捉到了一只狐狸。狐狸对老虎说："你不敢吃我，上天派我做百兽的领袖，现在你吃了我，就是违背了上天的命令。如果你不相信我的话，我在你前面走，你跟在我的后面，看看百兽见了我，有哪一个敢不逃跑的？"老虎觉得这样可以，就和狐狸同行。百兽见了它们都纷纷逃跑，老虎不明白百兽是害怕自己而逃跑的，还以为是害怕狐狸呢。

扫码收听朗诵音频

6 薛谭[1]学讴[2]

《列子》

薛谭学讴于秦青，未穷[3]青之技，自谓尽之，遂辞归。秦青弗止，饯[4]于郊衢[5]，抚节[6]悲歌，声振林木，响遏行云[7]。薛谭乃谢[8]求反[9]，终身不敢言归。

注释

①薛谭：人名，秦国善于歌唱的人。
②讴：歌唱。
③穷：尽。这里指学完。
④饯：用酒食送行。
⑤郊衢：城外郊区的大路。
⑥抚节：拍打竹制乐器。抚，通“拊”，拍打。
⑦响遏行云：形容歌声响亮，阻止了流动的云。
⑧谢：认错，道歉。
⑨求反：请求返回去。反，通“返”。

译文

薛谭向秦青学习唱歌，还没有把秦青的本领全部学完，自己就以为统统都会了，便打算向老师告辞回家。秦青没有阻拦他，在城外的大路旁给他设酒饯行。席间，秦青打着拍子，唱了一支十分悲壮的曲子，歌声把树林都振动了，使天上流动的云也停止不动了。于是薛谭连忙认错请求返回，一辈子都不敢再说学成回家的话了。

关注身边的事

聆听自然的声音，关注身边的事，可以让我们领悟生活中蕴含的智慧，感受生命的力量和美好。

认真阅读下面这个专题的文章，关注这些文章是怎样写清楚一件事的，了解作者叙述的顺序，感受故事中人物心情的变化。

范文阅读

① 颤抖的羽毛

金 波

记得大约是在小学三四年级的时候，学校里兴起玩儿踢毽（jiàn）子的游戏。一开始，只看谁踢得多，后来又看谁会踢花样儿；再后来，不但看踢的技巧，还要比一比谁制作的毽子最漂亮。

我踢毽子的技巧在班上属于中等，单脚踢还可以，双脚踢就不熟练了。“里踢”还可以，“外拐”就很差。所以，我决心要在制作毽子上超过别人。

是什么原因让“我”想到用自家大公鸡的翎毛做一只漂亮的毽子呢？

我家养了一只大公鸡，它尾巴上的翎（líng）毛在阳光照耀下变幻着不同的色彩。我要用它的翎毛为自己制作一只漂亮的毽子。

这一天，我约了几个要好的同学，把鸡围住，包围圈慢慢地缩小着、缩小着。

大公鸡似乎已经预感到面临的危险，它伸长了脖子，竖起了羽毛，好像要和我们争斗一场。当我们扑向它的时候，它腾空而起，从我们的头顶上飞了过去，逃出了包围圈。

我们第二次又摆开阵势。当我们慢慢地缩小着包围圈的时候，那公鸡还想像第一次那样腾空而起。但是我们一窝蜂地扑了上去，终于擒(qín)住了它，七手八脚地拔着它的翎毛。大公鸡咯咯地叫着，它再也忍受不住疼痛，竟然拼出了那么大的力气，一下子就挣脱了我们，又一次腾空飞起来。

作者把两次捉鸡的画面描写得很形象。一边读一边想象画面，看看有哪些描写让你印象深刻。

大概是因为冲得过猛，它竟然冲进了一个很深、很大的蓄(xù)水池。鸡是不会游泳的，水池四周又有高高的围墙，虽然它勉强扑腾到池边，也无法爬上围墙。

我们趴在池边看着公鸡在水中挣扎，心里很着急，便找来长长的竹竿，想让它攀着爬上来。谁知它一见我们的竹竿，以为我们要打它，吓得逃到了池子的另一个角落。

我们找来一根绳子，系上一个活扣儿，打算套住公鸡的脖子把它拽(zhuài)上来。可是我们刚把绳子放下去，它就吓得扑腾起来。

我们都不会游泳，谁也不敢下到水里。

我们在心里暗暗央求着那只大公鸡，请它飞上来，保证不再拔它的毛。可是它浮在水面上，向我们眨着不信任的眼睛。

这里对大公鸡的神态描写非常细致，从中我们能体会到作者对拔公鸡毛的懊悔心情。

那只大公鸡在水里泡了很久，浑身的羽毛都湿透了，有气无力地闭上了眼睛，眼看着就要被淹死了，它再也无力反抗了。我们找来一根铁钩子才把它打捞上来。它躺在地上一动不动地喘着气。同学们见它快要死了，很害怕，都悄悄地逃走了。

我独自一人守护着我的公鸡，给它端来米饭和水，可是它连眼都不睁。

第二天一早，我怀着惴(zhuì)惴不安[①]的心情，带着新制作的毽子来到学校。同学们

① 惴惴不安：形容因害怕或担心而不安。

都围了上来，纷纷夸奖我的毽子最漂亮。

可是我却高兴不起来，我还惦记着我那只大公鸡，不知它是死是活。

我望着手中的毽子，它在瑟(sè)瑟地颤抖着。

后来，我的那只大公鸡还是慢慢地站起来了，又开始吃东西，又能咯咯咯地叫了。

我总觉得对不起它，所以每天放学总是约上我那几个要好的同学，到郊外草地上给大公鸡捉蚂蚱。开始它总是躲着我，好像对我很有戒心，不肯凑上来吃我喂它的蚂蚱。渐渐地，它又恢复了对我的信任，一见到我放学回家，就咯咯地叫着跑过来。

我总是很偏爱它，常常单独喂它一些好吃的。但是，我从来没有让它看过我那只漂亮的毽子。

从围攻大公鸡拔鸡毛到合力救大公鸡，最后写“我”忐忑地带着鸡毛毽子去学校。作者将这件童年的小事写得曲折、生动。

读到这里，我们对作者用“颤抖的羽毛”作为文章的题目有了更深刻的理解。

② 小麻雀

老　舍

雨后，院里来了个麻雀，刚长全了羽毛。它在院里跳，有时飞一下，不过是由地上飞到花盆沿上，或由花盆上飞下来。看它这么飞了两三次，我看出来：它并不会飞得再高一些，它的左翅的几根长翎拧在一处，有一根特别的长，似乎要脱落下来。我试着往前凑，它跳一跳，可是又停住，看着我，小黑豆眼带出点要亲近我又不完全信任的神气。我想到了：这是个熟鸟，也许是自幼便养在笼中的。所以它不十分怕人。可是它的左翅也许是被养着它的或别个孩子给扯坏，所以它爱人，又不完全信任。想到这个，我忽然很难过。一个飞禽失去翅膀是多么可怜。这个小鸟离了人恐怕不会活，可是人又那么狠心，伤

这只小麻雀是一只受伤的熟鸟，而且是被人伤害的。它和老舍先生会发生怎样的故事？又会有怎样的结局呢？

了它的翎羽。它被人毁坏了，而还想依靠人，多么可怜！它的眼带出进退为难的神情，虽然只是那么个小而不美的小鸟，它的举动与表情可露出极大的委屈与为难。它是要保全它那点生命，而不晓得如何是好。对它自己与人都没有信心，而又愿找到些倚靠。它跳一跳，停一停，看着我，又不敢过来。我想拿几个饭粒诱它前来，又不敢离开，我怕小猫来扑它。可是小猫并没在院里，我很快地跑进厨房，抓来了几个饭粒。及至我回来，小鸟已不见了。我向外院跑去，小猫在影壁前的花盆旁蹲着呢。我忙去驱逐它，它只一扑，把小鸟擒住！被人养惯的小麻雀，连挣扎都不会，尾与爪在猫嘴旁耷（dā）拉着，和死去差不多。

“多么可怜”“不敢离开”等语句表现出了作者对小麻雀的怜爱之情。

叼着小鸟，猫一头跑进厨房，又一头跑到西屋。我不敢紧追，怕它更咬紧了，可又不能不追。虽然看不见小鸟的头部，我还没忘了那个眼神。那个预知生命危险的眼神。那个眼神与我的好心中间隔着一只小白猫。来回跑了几次，我不追了。追上也没用了，我想，小鸟至少已半死了。猫又进了厨房，我愣了一会儿，赶紧地又追了去；那两个黑豆眼仿佛在我心内睁着呢。

进了厨房，猫在一条铁筒——冬天生火通烟用的，春天拆下来便放在厨房的墙角——旁蹲着呢。小鸟已不见了。铁筒的下端未完全扣在地上，开着一个不小的缝儿，小猫用脚往里探。我的希望回来了，小鸟没死。小猫本来才四个来月大，还没捉住过老鼠，或者还不会杀生，只是叼着小鸟玩一玩。正在这么想，小鸟忽然出来了，猫倒像吓了一跳，往后躲了躲。小鸟的样子，我一眼便看清了，登时使我要闭上了眼。小鸟几乎是蹲着，胸离地很近，像人害肚痛蹲在地上那样。它身上并没血。身子可似乎是蜷在一块，非常的短。头低着，小嘴指着地。那两个黑眼珠！非

这里作者将小麻雀从铁筒里钻出来后的状态描写得非常细致，让人眼前仿佛出现了一只因受伤而无法动弹的可怜的小麻雀，也让人体会到作者此时无比心痛。

常的黑，非常的大，不看什么，就那么顶黑顶大地愣着。它只有那么一点活气，都在眼里，像是等着猫再扑它，它没力量反抗或逃避；又像是等着猫赦免了它，或是来个救星。生与死都在这俩眼里，而并不是清醒的。它是糊涂了，昏迷了；不然为什么由铁筒中出来呢？可是，虽然昏迷，到底有那么一点说不清的，生命根源的，希望。这个希望使它注视着地上，等着，等着生或死。它怕得非常的忠诚，完全把自己交给了一线的希望，一点也不动。像把生命要从两眼中流出，它不叫也不动。

作者认为，小麻雀由铁筒中出来是因为心存“希望”，这“希望”指的是什么呢？联系上下文和同伴讨论一下吧。

小猫没再扑它，只试着用小脚碰它。它随着击碰倾侧，头不动，眼不动，还呆呆地注视着地上。但求它能活着，它就决不反抗。可是并非全无勇气，它是在猫的面前不动！我轻轻地过去，把猫抓住。将猫放在门外，小鸟还没动。我双手把它捧起来。它确是没受了多大的伤，虽然胸上落了点毛。它看了我一眼！

我没主意：把它放了吧，它准是死；养着它吧，家中没有笼子。我捧着它好像世上一切生命都在我的掌中似的，我不知怎样好。小鸟不动，蜷(quán)着身，两眼还那么黑，等着！愣了好久，我把它捧到卧室里，放在桌子上，看着它，它又愣了半天，忽然头向左右歪了歪，用它的黑眼睁了一下；又不动了，可是身子长出来一些，还低头看着，似乎明白了点什么。

文中说“似乎明白了点什么”，你认为，小麻雀明白了什么呢？

3 一件小事

铁　凝

十五岁那年，我很迷恋打针，找到母亲的一位在医院工作的朋友做老师，向她学会了注射术。

“迷恋”是什么意思？“我”因为“迷恋打针”引发了一件什么事呢？

自从我学会了打针，便开始期盼眼前有病人，不论是家人或外人。我备齐针具，严格按照程序一次次操作着。一天，有位邻居来找我，说她每天都要去医院注射维生素B_{12}，我若能为她注射，便可免却她每天跑医院的麻烦。我愉快地接受了她的请求。

这位邻居本是天津知青，因病没有下乡，大约在天津又找不到工作，才来到我们的城市投奔她的姨母，并在一家小厂谋到了事做。她好像是那种心眼儿不坏，但生性高傲的姑娘，学过芭蕾，这样的邻居求我，弄得我心花怒放。

每日的下午，我放学归来，便在我家像迎接公主一样迎接我的病人了。一连数日，事情进行得都很顺利，我的手艺也明显地娴熟起来。熟能生巧，巧也能使人忘乎所以[①]乃至贻(yí)误[②]眼前的事业。这天我的病人又来了，我开始做着注射前的准备：把针管、针头用纱布包好放进针锅（一个小饭盒），再把针锅放在煤气灶上煮。煮着针，我就和病人聊起天来，聊着小城的新闻，聊着学生的前途。不知过了多久，我才突然想起煤气灶上的事。

数次帮别人打针的经历让“我”相信自己的手艺已经娴熟，从“我”的准备工作来看，“我”充满了自信。

有句很诙谐(huī xié)的俗话形容人在受了惊吓时的状态，叫作“吓出了一脑袋头发”，这形容正好用于我当时的状态。我已意识到我受了很大的惊吓，那针无疑是大大超过了要煮的时间。我飞奔到灶前关掉煤气，打开针锅观看，见里面的水已烧干，

---

① 忘乎所以：指由于过度兴奋或骄傲自满而忘记了言行应该把握的分寸。
② 贻误：耽误。

guǒ
裹着针管的纱布已微煳，幸亏针管、针头还算完好。

我不想叫我的病人发现我被吓出的“一脑袋头发”和这煮干了的针锅，装作没事人似的，又开始了我的工作。我把药抽进针管，用碘酒和酒精为病人的皮肤消过毒，便迅速向眼前那块雪亮的皮肤猛刺。谁知这针头却不帮我的忙了，它忽然变得绵软无比。我一次次往下扎，针头一次次变作弯钩。针进不去，我那邻居的皮肤上，却是血迹斑斑。我心跳着弄不清眼前到底发生了什么事，但注射的失败是注定的了。这实在是一个大祸临头的时刻，唯有向病人公开宣布我的失败，我才能尽快从失败里得以解脱吧。我宣布了我的失败，半掖半藏地收起我那难堪的针头，眼泪已噼里啪啦地掉下来。

yē（掖）

在这次打针的过程中，“我”的心理活动是不断变化的。请勾画出相关的语句，再和同学交流自己的感受。

我的邻居显然已知道背后发生了什么事，穿好衣服站在我眼前说：“这不是技术问题，是针头退了火。隔一天吧，这药隔一天没关系。”

邻居走了，我哭得更加凶猛，耳边只剩下“隔一天吧，隔一天吧……”难道真的只隔一天吗？我断定今生今世她是再也不会来打针了。

作者在这里用了“断定”一词，邻居真的不会来打针了吗？

但是第二天下午，她却准时来到我家，手里还举着两支崭新的针头，她像什么事情也没有发生过一样，微笑着对我说：“你看看这种号对不对？六号半。”

这次我当然成功了。一个新的六号半，这才是我成功的真正基础吧。

许多年过去了，每当我因为一件小事的成功而飘飘然时，每当我面对旁人无意中闯下的“小祸”而愤愤然时，眼前总是闪现出那位邻居的微笑和她手里举着的两支六号半针头。

故事的结果，你猜到了吗？正是出人意料的结果，让作者领悟到了做人的道理。生活中的哪些小事也让你明白了一些道理呢？讲给小伙伴听听吧！

许多年过去了，我深信她从未向旁人宣布和张扬过我那次的过失，一定是因为她的不张扬，才使我真正学会了注射术和认真去做一切事。

④ 两角钱

肖复兴

有时只是举手之劳，就能帮助别人，但我们对好多举手之劳的事情却熟视无睹[1]，不愿意伸出手来。

围绕着两角钱会发生一件什么事呢？

那天下午，我去邮局寄信，人很多，大多是在附近工地干活的进城务工人员。我才想到今天是他们发工资的日子，他们在往远在千里之外的家里寄钱。

我寄了一摞(luò)子信件，最后算邮费，掏光了衣袋里所有的零钱，还差两角钱。我只好掏出一张一百元的票子，请柜台里的女服务员找零钱。她没有伸手接，望了望我，面色不大好看。为了两角钱要找一百元的零头，这确实够麻烦的，难怪她不大

① 熟视无睹：虽然经常看见，还跟没看见一样，指对应该关心的事物漠不关心。

乐意。

我下意识弯腰翻裤兜的时候，和一个男孩子的目光相撞。十四五岁的样子，一身尘土仆仆的工装，不用说，他也是工地上的进城务工人员， 跟着大人们一起来寄钱。他就站在我旁边的柜台的角上，个头才到我的肩膀，瘦小得像个豆芽菜。我发现他的眼光里流露着犹豫的眼神，抿着嘴，冲我似笑未笑的样子，有些怪怪的。而他的一只手揣在裤袋里，活塞一样来回动了几下，似掏未掏的样子，好像那里藏着刺猬一样什么扎手的东西，更让我感到奇怪。

通过对男孩的外貌描写，可以看出他平时的生活并不富裕，甚至很拮据。

裤袋也翻遍了，我确实找不出两角钱。我只好把那张一百元的票子又递了上去，服务员还是没有接，说了句："你再找找，就两角钱还没有呀。"可我确实没有啊，我有些气，和她差点没吵起来。

这时候，我的衣角被轻轻地拉了一

下，回头一看，是那个男孩子，我看见他的手从裤袋里掏了出来，手心里攥(zuàn)着两角钱：“我这里有两角钱。”说完这句外乡口音很重的话，他羞涩地脸红了。原来刚才他一直是在想帮助我，只是有些犹豫，是怕我拒绝，还是怕两角钱有些太不值得？我接过钱，有些皱巴巴的，还带有他手心的温热，虽然只是两角钱，也是他的血汗钱。我谢了他，他微微地一笑，只是脸更有些发红了，真是一个可爱的孩子。

作者通过对男孩的神态和动作描写，让读者认识了一个善良、纯真的务工男孩。

接过两角钱，服务员的脸上呈现了笑容。邮戳(chuō)在信件上欢快地响了起来。

寄完信，我去附近的超市买东西，破开了那一百元的票子，有了足够的零钱。我又回到邮局里，不过，那时已是落日的黄昏，不知那个孩子还在不在。我想如果那个孩子还在，应该把钱还给他。

他还真的在那里，还站在柜台的角

上，那些进城务工人员还没有汇完钱，他是在等着大人们一起回去。我向他走了过去，他看见了我，冲我笑了笑，因为有了那两角钱，我们成了熟人，他的笑容让我感到一种天真的亲切，很干净透明的那种感觉。

走到他的身边，我突然打消了还那两角钱的念头。我不知道这样做对不对，但看到他那样的笑，总觉得他是在为自己做了一件帮助人的好事，才会这样的开心。能够帮助人，而且是举手之劳的事情，尤其是帮助了一个看起来比自己大许多的大人，心里总会产生一种美好的感觉吧。我当时就这样想，干吗要打破孩子这样美好的感觉呢？一句谢谢，比归还两角钱，也许更重要吧？我轻轻地抚摸了一下他的头，问了问："还没走呀？"然后，我再次郑重地向他说了声："谢谢你啊！"他的脸上再次绽放出笑容。

除了对这个孩子的感谢，你还能体会到作者其他什么样的情感呢？可以和同伴讨论一下。

以后，我多次去过那家邮局，再也没有见到那个孩子，但我怎么也忘不了他。他让我时时提醒自己，面对一些举手之劳的事情，能够伸出手来去帮助他人，一定要伸出手来。不过，我有时总会想，没有还给孩子那两角钱，这样做到底对不对？

文章写了“我”在邮局没有零钱寄信时，一个瘦弱的务工男孩借给“我”两角钱的故事。如果你是文中的男孩，你会怎么做呢？

组文阅读

自然界的动物和人类是平等的，它们带给人类无数的欢乐和启示，是人类的朋友。快速默读以下四篇文章，看看哪个动物给你感触最深。边读边思考：这些动物身上有哪些特点，作者是怎样把这些特点写清楚的？

① 树上的鞋

金　波

我又翻石头又掘土，一共捉了三只蟋蟀。我很累，就脱了鞋，躺在一棵老槐树下休息。在叽叽喳喳的鸟叫声中，我睡着了。

我梦见我的蟋蟀很厉害，斗败了伙伴们所有的蟋蟀。忽然，来了一只大公鸡，要吃我的蟋蟀。我一惊，被吓醒了。

我听见小鸟尖细的叫声。在哪儿叫？我拿起鞋，刚要穿，忽然发现鞋子里藏着一只羽毛未丰的雏(chú)鸟。这时，头顶的树梢(shāo)上，也有一只鸟在叫。

我明白了，这只雏鸟是从树上的鸟窝里掉下来的。由于害怕，它钻进我的鞋子里。我把带来的饼干分给雏鸟吃。它摇摇头，不肯吃，只是仰起头来，望着树上的鸟妈妈在叫。

我托起雏鸟，高举手臂，想把它还给鸟妈妈。雏鸟扇着翅膀想飞，但它还不会飞；鸟妈妈着急地叫着，也不敢飞近我。于是，我一只手托着小鸟，一只手攀着树往上爬。我真想把雏鸟送到鸟窝里，但是，那鸟窝在高高的树梢上，无论如何，我是爬不了那么高的。

我刚爬到大树的枝丫间，鸟妈妈就吓得飞走了。它停在不远的一棵树上，一声声叫着。

我手里的雏鸟有些发蔫(niān)①。它已经有一个多小时没吃东西了，再加上从树上摔下来，又饿又怕，真有生命危险。

我从树上下来，把雏鸟放到草地上。它扑扑棱棱地躲在我的脚旁，依偎②着我的鞋。它是把我的鞋当成它的家了吧？我把鞋脱下来，它立刻就钻了进去，叫声也安详了很多。

---

① 发蔫：精神不振的样子。

② 依偎：紧挨着。

于是，我把鞋子放在大树最安全的枝丫上，站在树下，观察着鸟的动静。

鸟妈妈飞来了，落在临近的一棵树上。于是，我光着一只脚，走到远远的一棵树后面继续观察。

鸟妈妈因为怕我，不敢落在那棵树上。它向着鞋子里的雏鸟叫着，鞋子里的雏鸟也探出头来叫着。

鸟妈妈见我走了，就落在鞋子旁边，一边叫，一边亲吻着它的雏鸟。

过了一会儿，鸟妈妈飞走了。不大的工夫，又飞回来了，嘴里叼着食物，喂它的鸟宝宝。小鸟张开大嘴，贪婪地吃着。喂饱了小鸟，鸟妈妈也钻进了鞋子，它们依偎在一起，呢呢喃喃地叫着。

我放心了，只是我的鞋子要高高地放在树上了。

② 那只松鼠

刘保法

连续好几个晚上，我都梦见了那只松鼠。

它躺在我的网袋里，一动也不动，老实得就像已经没有了生命，一改几秒钟前那股拼命逃窜的灵活劲儿。逮住了一只松鼠的我，心里当然异乎寻常地高兴。在家时，女儿常吵着要一只小松鼠，可惜上海的高楼大厦绝无松鼠的踪迹；想买一只，却又没有精力去兜市场。万没有想到这次在山林路边等车，却逮到了一只。

我先是看到路对面树干上有个灰褐色毛茸茸的圆球在跳动，于是便蹑手蹑脚地过去。可是没等我接近，那个圆球就"嗖"地一下蹿上了树梢。哦，原来是一只活泼伶俐、可爱至极的小松鼠！顷刻间，我忽然又发现周围的一棵棵树上，几乎都有几只松鼠在跳动觅食。我兴奋极了，感觉自己仿佛来到了一个松鼠王国。我跑东窜西地去抓小松鼠，那些小松鼠呢，似乎是在故意逗我玩，"嗖嗖嗖"直朝树梢蹿，然后又从这棵树梢跳到那棵树梢，灵活得就像飘忽不定的小精灵。我瘫坐在地上，喘着粗气。而这时，那些小精灵又会神不知鬼不觉地出现在我面前的几棵树干上，“骨碌碌”转动眼睛看我。待我再去抓时，它们又极其灵巧地逃之夭夭……后来，我动用了随身携带的网袋，才算网住了一只。

我很开心，看着这只一动不动躺在网袋里的“小俘虏”，想伸手去摸摸它。但我突然看到了两道极其古怪的目光：像是绝望，像是抗拒，像是乞求，更像是对人类的蔑视……

我的身体有点颤抖，手像触电般地缩回原处，定格。很久很久，我就这么阴沉地看着它，尽力体验着它的心情；它也如此这般古怪地看着我，猜不透在动什么样的脑筋……

最后，我长叹一声，终于把它放了；看着它蹿上树梢，又从这棵树梢跳到了那棵树梢，渐渐隐没在密林深处……

我说不出为什么要这样做。我发誓，回家后只字不提那只松鼠。

但我毕竟忘不了那只松鼠，所以在一次得意忘形的餐桌上还是说漏了嘴。我惶恐不安地看着女儿，女儿竟一点也没有嗔(chēn)怪[1]的意思，依旧稚气未脱地沉浸在我的故事里，并且饱含着深情问我："爸爸，后来它回家了吗？它回到妈妈身边了吗？"

我笑笑，心里有一块石头落地。看来，女儿也忘不了它——

那只松鼠！

日积月累

蹑手蹑脚　活泼伶俐　跑东窜西　只字不提

得意忘形　惶恐不安　稚气未脱　饱含深情

① 嗔怪：对别人的言语或行动表示不满。

③ 母狼的智慧

毕淑敏

“仅次于人的聪明的动物，是狼，北方的狼。南方的狼是什么样，我不知道。不知道的事咱不瞎说，我只知道北方的狼。”

一位老猎人，在大兴安岭蜂蜜般黏(nián)稠的篝(gōu)火旁，对我说。猎人是个渐趋消亡的职业，他不再打猎，成了护林员。

我说：“不对。是大猩猩。大猩猩有表情，会使用简单的工具，甚至能在互联网上用特殊的词汇与人交流。”

“我没见过大猩猩，也不知道互联网是什么东西。我只见过狼。沙漠和森林交界地方的狼，最聪明。那是我年轻的时候啦……”老猎人舒展胸膛，好像恢复了当年的神勇。

“狼带着小狼过河，怎么办呢？要是只有一只小狼，它会把它叼在嘴里。若有好几只，它不放心一只只带过去，怕它在河里游的时候，留在岸边的子女会出什么事。于是狼就咬死一只动物，把那动物的胃吹足了气，再用牙齿牢牢紧咬住蒂处，让它胀鼓鼓的好似一只皮筏。它把所有的小狼背负在身上，借着那救生圈的浮力，全家过河。

“有一次，我追捕一只带有两只小崽的母狼。它跑得不快，因为小狼脚力不健。我和狼的距离渐渐缩短，狼妈妈转头向一座巨大的沙丘爬去。我很吃惊，通常狼在危急时，会在草木茂盛处兜圈子，借复杂地形，伺机脱逃。如果爬向沙坡，狼虽然爬得快，好像比人占便宜，但人一旦爬上山坡顶，就一览无余，狼就再也跑不了了。

“这是一只奇怪的狼，也许它昏了头。我这样想着，一步一滑地爬上了高高的沙丘。果然看得很清楚，狼在飞快逃向远方。我下坡去追，突然发现小狼不见了。当时顾不得多想，拼命追下去。那是我平生见过的跑得最快的一只狼，不知它从哪儿来的那么大的力气，像贴着地皮的一支黑箭。追到太阳下山，才将它击毙，累得我几乎吐了血。

“我把狼皮剥下来，挑在枪尖上往回走，一边走一边想，真是一只不可思议的狼，它为什么如此犯忌呢？

那两只小狼又到哪里去了呢？已经快走回家了，我决定再回到那个沙丘去看看。快半夜才到，天气冷极了，惨白的月光下，沙丘好似一座银子筑成的坟，毫无动静。我想我真是多此一举，那不过是一只傻狼罢了。正打算走，突然看到一个隐蔽的凹陷处，像白色的烛光一样，悠悠地升起两道青烟。

“我跑过去，看到一大堆干骆驼粪，白气正从中冒出来。我轻轻扒开，看到白天失踪了的两只小狼，正在温暖的驼粪下均匀地喘着气，做着离开妈妈后的第一个好梦。地上有狼尾巴轻轻扫过的痕迹，活儿干得很巧妙，在白天居然瞒过了我这个老猎人的眼睛。

“那只母狼，为了保护它的幼崽，先是用爬坡延迟了我的速度，赢得了掩藏儿女的时间，又从容地用自己的尾巴抹平痕迹，并用全力向相反的方向奔跑，以一死换回孩子的生存。

“熟睡的狼崽鼻子喷出的热气，在夜空中凝成弯曲的白线，渐渐升高……

“狼多么聪明！人把狼训练得蠢起来，就变成了狗。单个儿的狗绝对斗不过单个儿的狼，这就是我想告诉你的。”老猎人望着篝火的灰烬说。

4 云雀（节选）

贾平凹

我们的隔壁，是住着一位老头的。他极能养鸟，门前的木架上，吊下各式各样的鸟笼；里边住着云雀、绿嘴、画眉、黄鹂儿……尽是些可怜可爱的生灵儿。整天整天里，我们就守在那鸟笼下，听着它们鸣叫。叫声很是好听，尤其那只云雀，像唱歌一样，打老远就能听见，使人禁不住要打一个麻酥酥的颤儿了。

时间一长，那云雀声就不比以前那么脆了，老头便给它吃最好的谷，喝最清的水，稍不鸣叫，就万般逗弄；于是它就又叫起来了。但它叫起来的时候，总是在笼里不能安宁，左一撞、右一碰的，常常把黄黄的小嘴从笼格里挤出来，盯着高高的云天，叫得越发哑了。

“它唱得太疲劳了。”我们都这么说，便去给老头建议，不要逗弄它了吧。

但是，每每黎明的时候，它就又叫起来了，而且每个黎明都叫。我们爬起来，从窗口里看去，天刚刚发亮，云升得很高很高，老头并没有起床呢。于此才明白别人不逗弄它，它还是每天要叫的；依然嘴挤在笼格外边，翅膀扑闪着，竟有几根茸茸的羽毛掉了下来。

“它在练嗓子吗？”妹妹说。

“不，它那嗓子已经哑了。”我说。

“那它为什么还要唱呢？”

“谁知道呢？你听，它是在唱一支忧郁的歌吗？”

细细听起来，果然那叫声充满了忧郁；那往日里悠悠然的叫声原来是痛苦的呼喊呢！

“是它肚子饥了，渴了吧？”妹妹又说。

我们跑过去，要给它添些食儿，却看见笼里满满地放着一盘黄谷、一盘清水。这便又使我们迷糊了。

“一定是向往着云天吧。”

我们这么不经意地说过，立即便觉得是很正确的。想，它未被老头捉住之前，它是飞在天上的，天那么空阔，天便全然是它的；黎明的时候，它一定是飞得像云一样高，向黑暗宣告着光明。如今，黎明来了，它却飞不出去，才这么发疯似的抗议了！我们在笼下捡起那抖落下的羽毛，深深地感到它的可怜了。

我们把这想法告诉老头，老头笑我们可爱，却终没有放了它去。它每天还是这么叫着，唱那一支忧郁的歌。

我们终于不忍了，在一个黎明，悄悄起来，拆开了笼的门，放它出去了。它一下子飞到了柳树梢上，和柳梢一起激动，有些站不稳，几乎就要掉下来了。但它立即抖抖身子，对着我们响亮地叫了一声，倏(shū)忽消失在云天里不见了。

日积月累

天空没留下翅膀的痕迹，但我已飞过。

——泰戈尔

把每一个黎明看作是你生命的开始，把每一个黄昏看作是你生命的小结。

——罗斯金

阅读实践

这组文章写的都是和动物有关的故事，请你再次默读文章，找出文中有关动物状态或表现的句子，以及故事中人的行为的句子，完成下面的表格。

文章题目	动物的状态 / 表现	故事中人的行为
《树上的鞋》		
《那只松鼠》		
《母狼的智慧》		
《云雀（节选）》		

这几篇文章中的动物的结局是怎样的？带给你怎样的感受？请选择你喜欢的故事写下来。

我喜欢的故事：

文中动物的结局：

我的感受：

活动三

这四篇文章都是以第一人称来讲述和动物有关的故事。请你再次阅读文中描写动物的语句，然后联系生活写一写你观察到的一种动物，和小伙伴一起交流。

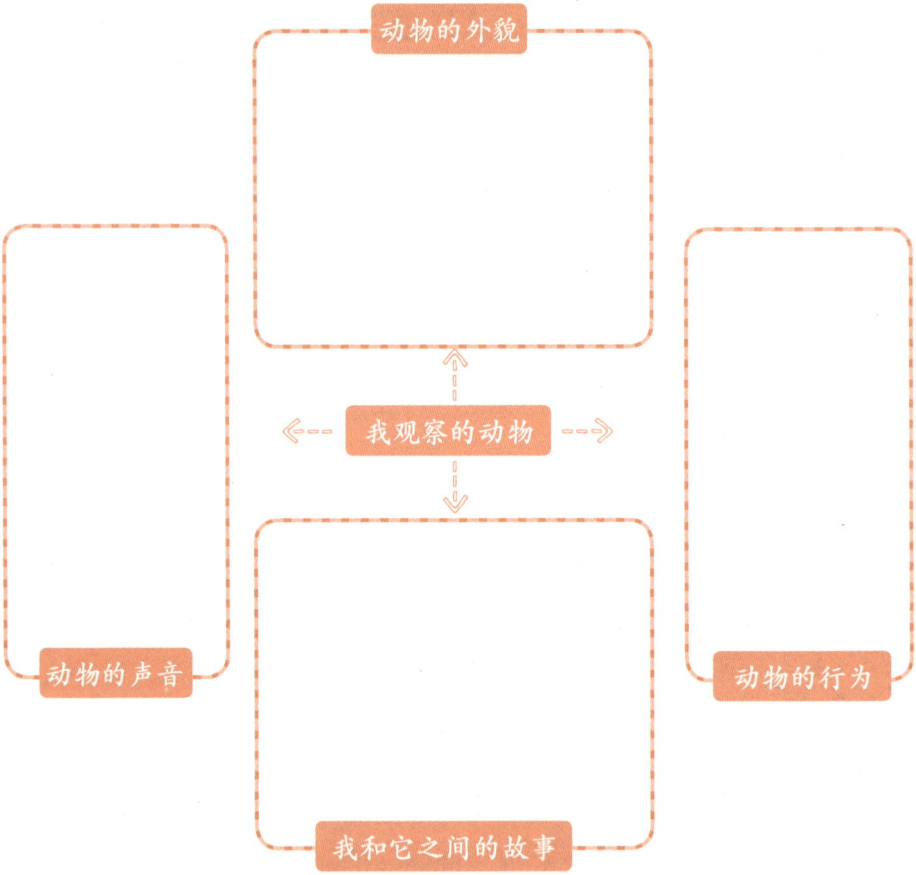

动物的外貌

我观察的动物

动物的声音

动物的行为

我和它之间的故事

自由阅读

1 猫

郑振铎

我家养了好几次的猫，却总是失踪或死亡。三妹是最喜欢猫的，她常在课后回家时，逗着猫玩。有一次，从隔壁要了一只新生的猫来。花白的毛，很活泼，常如带着泥土的白雪球似的，在廊前太阳光里滚来滚去。三妹常常地，取了一条红带，或一根绳子，在它面前来回地拖摇着，它便扑过来抢，又扑过去抢。我坐在藤椅上看着他们，可以微笑着消耗过一两小时的光阴，那时太阳光暖暖地照着，心上感着生命的新鲜与快乐。后来这只猫不知怎地忽然消瘦了，也不肯吃东西，光泽的毛也污涩了，终日躺在厅上的椅下，不肯出来。三妹想着种种方法去逗它，它都不理会。我们都很替它忧郁。三妹特地买了一个很小很小的铜铃，用红绫带穿了，挂在它颈下，但只显得不相称，它只是毫无生意地、懒惰地、郁闷地躺着。有一天中午，我从编译所回来，三妹很难过地说道：“哥哥，小猫死了！”

我心里也感着一缕的酸辛，可怜这两个月来相伴的小侣！当时只得安慰着三妹道：“不要紧，我再向别处要一只来给你。”

隔了几天，二妹从虹口舅舅家里回来，她道，舅舅那里有三四只小猫，很有趣，正要送给人家。三妹便怂恿(sǒngyǒng)着她去拿一只来。礼拜天，母亲回来了，却带了一只浑身黄色的小猫同来。立刻三妹一部分的注意，又被这只黄色小猫吸引去了。这只小猫较第一只更有趣，更活泼。它在园中乱跑，又会爬树，有时蝴蝶安详地飞过时，它也会扑过去捉。它似乎太活泼了，一点儿也不怕生人，有时由树上跃到墙上，又跑到街上，在那里晒太阳。我们都很为它提心吊胆，一天都要“小猫呢？小猫呢？”地查问好几次。每次总要寻找了一回，方才寻到。三妹常指它笑着骂道：“你这小猫呀，要被乞丐捉去后才不会乱跑呢！”我回家吃午饭，总看见它坐在铁门外边，一见我进门，便飞也似的跑进去了。饭后的娱乐，是看它在爬树，隐身在阳光隐约里的绿叶中，好像在等待着要捉捕什么似的。把它捉了下来，又极快地爬上去了。过了两三个月，它会捉鼠了。有一次，居然捉到一只很肥大的鼠，自此，夜间便不再听见讨厌的吱吱的声了。

某一日清晨，我起床来，披了衣下楼，没有看见小猫，在小园里找了一遍，也不见。心里便有些亡失的预警。

“三妹，小猫呢？”

她慌忙地跑下楼来，答道：“我刚才也寻了一遍，没有看见。”

家里的人都忙乱地在寻找，但终于不见。

李妈道：“我一早起来开门，还见它在厅上。烧饭时，才不见了它。”

大家都不高兴，好像亡失了一个亲爱的同伴，连向来不大喜欢它的张妈也说：“可惜，可惜，这样好的一只小猫。”

连向来不大喜欢小猫的张妈也表现出了对小猫的惋惜，可以看出小猫在大家心目中的地位。

我心里还有一线希望，以为它偶然跑到远处去，也许会认得归途的。

午饭时，张妈诉说道：“刚才遇到隔壁周家的丫头，她说，早上看见我家的小猫在门外，被一个过路的人捉去了。”

于是这个亡失证实了。三妹很不高兴地，咕噜着道："他们看见了，为什么不出来阻止？他们明晓得它是我家的！"

我也怅然地，愤恨地，在诅骂着那个不知名的夺去我们所爱的东西的人。

自此，我家好久不养猫。

冬天的早晨，门口蜷伏着一只很可怜的小猫，毛色是花白的，但并不好看，又很瘦。它伏着不去。我们如不取来留养，至少也要为冬寒与饥饿所杀。张妈把它拾了进来，每天给它饭吃。但大家都不大喜欢它，它不活泼，也不像别的小猫之喜欢玩游，好像是具着天生的忧郁性似的，连三妹那样爱猫的，对于它，也不加注意。如此地，过了几个月，它在我家仍是一只若有若无的动物。它渐渐地肥胖了，但仍不活泼。大家在廊前晒太阳闲谈着时，它也常来蜷伏在母亲或三妹的足下。三妹有时也逗着它玩，但并没有像对前几只猫那样感兴趣。有一天，它因夜里冷，钻到火炉底下去，毛被烧脱好几块，更觉得难看了。

春天来了，它成了一只壮猫了，却仍不改它的忧郁性，也不去捉鼠，终日懒惰地伏着，吃得胖胖的。

这时，妻买了一对黄色的芙蓉鸟来，挂在廊前，叫得很好听。妻常常叮嘱着张妈换水，加鸟粮，洗刷笼子。那只花白猫对于这一对黄鸟，似乎也特别注意，常常跳在桌上，对鸟笼凝望着。

妻道："张妈，留心猫，它会吃鸟呢。"

张妈便跑来把猫捉了去。隔一会儿，它又跳上桌子对鸟笼凝望着了。

一天，我下楼时，听见张妈在叫道："鸟死了一只，一条腿没有了，笼板上都是血。是什么东西把它咬死的？"

我匆匆跑下去看，果然一只鸟是死了，羽毛松散着，好像曾与它的敌人挣扎了许久。

我很愤怒，叫道："一定是猫，一定是猫！"于是立刻便去找它。

妻听见了，也匆匆地跑下来，看了死鸟，很难过，便道："不是这猫咬死的还有谁？它常常对鸟笼望着，我早就叫张妈要小心了。张妈！你为什么不小心？！"

张妈默默无言，不能有什么话来辩护。

于是猫的罪状证实了。大家都去找这可厌的猫，想给它以一顿惩戒。找了半天，却没找到。真是"畏罪潜逃"了，我以为。

三妹在楼上叫道："猫在这里了。"

它躺在露台板上晒太阳，态度很安详，嘴里好像还在吃着什么。我想，它一定是在吃着这可怜的鸟的腿了，一时怒气冲天，拿起楼门旁倚着的一根木棒，追过去打了一下。它很悲楚地叫了一声"咪呜"，便逃到屋瓦上了。

我心里还愤愤的，以为惩戒得还没有快意。

隔了几天，李妈在楼下叫道："猫，猫！又来吃鸟了。"同时我看见一只黑猫飞快地逃过露台，嘴里衔着一只黄鸟。我开始觉得我是错了！

我心里十分地难过，真的，我的良心受伤了，我没有判断明白，便妄下断语，冤枉了一只不能说话辩诉的动物。想到它的无抵抗的逃避，益使我感到我的暴怒、我的虐待，都是针，刺我良心的针！

我很想补救我的过失，但它是不能说话的，我将怎样地对它表白我的误解呢？

"我"家一共养过几只猫？对最后一只猫的亡失，"我"为什么更难过？

两个月后，我们的猫忽然死在邻家的屋脊上。我对于它的亡失，比以前的两只猫的亡失，更难过得多。

我永无改正我的过失的机会了！

自此，我家永不养猫。

日积月累

有思考能力的人一定会反对所有的残酷行径，无论这项行径是否深植传统，只要我们有选择的机会，就应该避免造成其他动物受苦受害。

——施韦泽

② 收拾错误

范泽木

那是我12岁时的一个午后，父亲让我到县城里买一包黑豆籽。他说："黑豆在城里……"我当然知道黑豆在城里，我不耐烦地打断他的话，然后，拔腿跑了。

"不耐烦"，点明了"我"犯错的原因。

走了几里路，又坐了半小时的车，我终于到达县城。几经辗转后，我找到了县种子公司。老板问我："买什么？""黑豆。"我说。老板又问我："是不是豇(jiāng)豆？""是黑豆。"我说。

老板麻利地递给我一包黑豆籽。我付了钱就兴冲冲地往家赶。

我到家的时候，父亲正站在家门口。"把黑豆籽给我看看。"父亲说道。我乖乖地把黑豆籽交给了父亲，心里带着一点儿窃喜。因为从我出发到现在不过两个小时。

没想到父亲的脸顿时虎了下来，他说："我就知道你这小子肯定会买错，你现在赶紧给我跑回去把黑豆籽买回来。”

“怎么买错了，这不是黑豆籽吗？”

“我刚想告诉你黑豆在城里叫豇豆，你就打断我的话猴急地跑出去了。你说你小子能买对吗？”

我顿时愣在原地，灼热从耳根开始蔓延。

我只能再次去县城。等我到县城的时候，已经是下午三点半。春日的太阳很快就会落下山头。

我匆匆赶到种子公司，却发现公司已经关门。门口的纸条上写着：临时有事外出，有事请拨打电话××××××××。我脚底一软，差点儿重心不稳。

我开始向别人打听县城里还有没有种子公司。问了许多人，他们纷纷摇头，表示不知道。好不容易问到一个城里人，他说，在湖山路有一家私人的种子店，可以去看看。

可是，陌生的地名让我再次找不着北。他跟我比画了一通，说：“就这么走，很简单的。”

如我所料，我果然迷路了。后来，一个踩三轮车的叔叔终于把我带到了种子店。我再三强调：“我要买的是黑豆，你们城里人叫豇豆。”老板说：“放心吧，错不了。”临走前，我再一次问老板：“这是我们乡下人说的黑豆吧？”“是的，”老板点点头说，“我们城里人叫豇豆，放心吧。”

我这才安心地往车站走去。

到车站的时候，最后一班车已经启动。我飞似的朝车门奔去，汽车这才停了下来。坐在车上的时候，我很是后悔，为什么当时不听清楚？如果当时听父亲说完话，我就不会把原本简单的一件事变得这么复杂了。

下了车，我看到父亲站在村口等我。接过我手里的黑豆籽，他笑眯眯地摸了摸我的头。我悬着的心终于可以放下来了。

那天晚上，父亲跟我说了许多道理。最后，他说：“今年上半年，你小学生涯就要结束了，我希望你能懂得这点儿道理。”

说实话，当时12岁的我并没有完全明白父亲的话。在这么多年后的今天，我才明白父亲告诉我的道理：犯错很容易，收拾错误却很难。

作者把第二次买豆时遇到的困难写得很详细，这让我们真切地感受到“收拾错误”的难处。

③ 谎言会发芽

清　山

每个人在少年时代几乎都会经历一段荒诞不经、充满幻想、心血来潮的时期。我的“神经病”发作在十岁左右的时候，一会儿想当科学家，在家里用铁丝等工具制造飞机，希望能够“试飞”成功；一会儿想当歌唱家，每天中午，大家都在午休的时候，我的个人演唱会就开始了。我的公鸭似的破锣嗓子彻底惹怒了大家，父亲拿不愿睡午觉而又精力充沛的我毫无办法，就拿出一串葡萄贿赂(huì lù)我，以便让我安静下来。

吃葡萄的时候，我又突发奇想，要栽种葡萄。我把葡萄籽收集起来，挑出几枚籽粒饱满的做种子。我跑到家中的院子里，找到了一个空花盆，然后四下寻找松软的泥土。母亲打理的小菜园土质肥沃，我用铲子挖了一盆土，然后把葡萄籽种了下去。

开头详细写了谎言的来历，通过一系列的动作描写可以看出“我”急于种葡萄的心情。

睡醒午觉的母亲一眼就发现小菜园里的土被人动过，一向严厉的她找到正装模作样看书的我，问道：“菜园里的土，你是不是动过？”我蓦(mò)然想到，母亲几天前就在菜园里撒下了菠菜种子，并千叮万嘱我不许动菜园里的土。我怕母亲拧我的耳朵，头也没敢抬，说：“我没有挖过菜园里的土！”母亲狐疑地看着我，紧接着她就发现了原先的一个空花盆里装满了土。

对妈妈的神态、语言描写得很详细。

“这是怎么一回事？”

“这是我栽种的葡萄！”我战战兢(jīng)兢地回答。

“你种葡萄的土是从哪里来的？”母亲不依不饶地追问我。

“是……是从外面找来的。”汗水几乎浸透了我的衣裳，但我依旧选择把谎言进行到底，“我真的没有动过菜园里的土。”

母亲长叹了一口气，放过了我。我也长吁(xū)了一口气，以为自己的谎言被埋进了泥土里，永远没有人会知道。

一周后，我栽种的“葡萄”竟然发了芽。我兴奋地大喊大叫。母亲看了一眼，笑道：“你还真了不起，不知道什么时候可以吃到你种的葡萄？”

两周后，“葡萄”开始抽出麦苗一样细长的叶片。它每天的变化与成长都让我喜出望外！母亲菜园里的菠菜也开始陆续长了出来。满园一片碧绿，只有我挖过的地方，始终寸苗不生，像一个人的头上长了“斑秃”，深深刺激着我的神经。

随着花盆里的“葡萄”苗越长越大，我开始变得忐忑不安。因为我明明种的是葡萄，怎么长出的叶子和母亲菜园里的菠菜一个模样啊？

有邻居来串门，问母亲：“你们家怎么在花盆里种菠菜？”母亲意味深长地回答：“是我们家孩子专门种的，他想培育出能结葡萄的菠菜！”笑声中，我感觉自己的脸一下子变得火辣辣的！

随着事情的发展，“我”的心情也在发生着变化。

第二天，母亲用种在花盆里的菠菜做了我最爱吃的菠菜面。吃面的时候，我吞吞吐吐地向母亲承认了自己的错误。母亲并没有感到惊讶，很显然，她早就发现我在撒谎，但一直没有当面戳穿我的谎言。

吃过这碗味道独特的菠菜面后，我就在心中向自己保证：以后再也不说谎了，要做一个诚实的人。因为谎言即使被隐藏得再深，总有一天，它也会破土发芽，而大家都会看到它！

日积月累

童年时代是生命在不断再生过程中的一个阶段，人类就是在这种不断的再生过程中永远生存下去的。

——萧伯纳

生活得最有意义的人，并不就是年岁活得最大的人，而是对生活最有感受的人。

——卢梭

4 稻花香里的迷藏

陈 静

请问，你和泥鳅、青蛙玩过捉迷藏吗？

我是玩过的。

那是穿着妈妈做的布鞋，背着妈妈缝的布书包，去我们村的小学校当学生的时候。去小学校有两条道可走，一是绕过水田的弯弯石板路，一是屋前田间直行的田坎路。每天上学放学，我在田坎路上来来去去。同时，来来去去的还有大地上的春种秋收、酷暑严寒，还有燕子、蜻蜓，以及青草、黄叶……也就是说，过那么一阵子，田野便换一幅图画，就像一个巨人更换衣裳。而高高天空下四季轮换的图画，我最喜欢的是那幅绿色的。在田坎上走来走去，看着看着，禾苗青起来了，壮起来了，密起来了。风儿拂过，禾叶起伏，窸窸

田野因为四季不同，呈现的画面也不同。作者把不同季节的田野图画比喻成巨人更换衣服，这是多么神奇的想象啊！

窄窄，荡着绿波，涌到看不清边的大山脚下。稻田的水面上，浮萍点点。一团团细柔柔的青丝，大伙儿叫它青苔，这儿有那儿有，静静生长，绿绿的颜色，绿绿的气味。往往这时候，清新的空气中飘起稻花香，花粉在刚抽出的穗上，沾得满满。不用说，稻花香了，泥鳅肥了，青蛙大了……

肥了大了的泥鳅、青蛙很爱串门了。禾叶、青苔作掩护，大地、水田为舞台，开始了它们的演出。青蛙一蹦一蹦，跳来跳去，要不，一头扎进水里，如潜艇潜伏；泥鳅精灵极了，溜来溜去，要么，身子一弹，闪电般不见了……

我脚上梆硬的布鞋底，一步一步落在干硬的田坎路上。田坎下长长的一线水沟，不知住了多少泥鳅，一条一条，或大或小，悠闲地躺着，我肯定它们在做美梦。显然，我的到来打破了宁静，惊了它们的梦，吓得它们本能地躲藏，纷纷遁入水下的泥中。随即开花似的，浑水陡地升起。我的脚步声一路响过，一团团浑水伴着细细的击水声也一直向前，形成长长的浑水阵，放烟幕一样……而那些青蛙们，本来蹲在田坎上，等待伙伴们聚会。眼下，仓皇奔逃，躲进禾田，撞动禾秆，震得稻花直落。瞧青蛙急急忙忙的样子，可见也被我吓得不轻……

这样来来去去，我一天便要打搅泥鳅、青蛙们一两回，实在有些不忍心。但有时却故意顽皮地要和它们玩玩。看，我一溜儿小跑过去，逗得泥鳅们飞快逃避，水沟连连荡起浑水，犹如次第开放的花儿。过那么一阵儿，一切又静悄悄了，泥鳅们感到太平无事，便又贼头贼脑地溜出来。我一阵风似的，又返冲过来，惊得它们还是连连直躲。那急促、惊吓的模样让我忍不住哈哈大笑。这个时候，青蛙早吓破了胆，从田坎路上纷纷跳进扬花授粉的禾苗中，再也不出来。唯有泥鳅不长记性。等静下后，又连连钻出泥来，看天看地，享受着静卧不动。我这下故意用力一步一步走，“咚咚”的脚步声犹如擂鼓。我想把泥鳅再吓回家，它肯定就不敢出来了。但我想错了。待水一清，泥鳅三三两两，呼朋引伴，探头探脑，还是出来了。任藏起来的青蛙发出警告的叫声，也阻止不了。

我真是于心不忍了，不想再让它们惊惊惶惶，就干脆躲开它们，绕过水田，走上那条弯弯的石板路回家了。

但稻花香里的热闹时常向我招手。我实在忍不住了，便像看望朋友一样，来到绿得轰轰烈烈的稻田中，轻手轻脚，蹲在田坎路上，天真好奇的目光落在稻花下的泥鳅身上。它们一条条栖在水下，身子和泥巴一个色。有的横躺，嘴边细须微动；有的斜卧，大的带着小的；有的悠然游弋，长条身子，轻摆着尾儿，小口一张一合；有的寻找食物，细眼儿亮亮的，瞅见可下口的东西，猛地一蹿；有的害羞似的，半遮半藏，在青苔中露出一截尾巴……至于青蛙们，蹲坐的，纹丝不动；蹦跳的，强劲有力；隐在道旁草中的，安静养神；田沟水里的，后腿一蹬一蹬，灵活如鱼；发现了虫子的，刹那一跃，准确无误……我惊讶不已，青蛙真是地上能跑、水里能游的高手。

“打搅”“和它们玩玩”“于心不忍”……“我”的想法虽然有变化，但是，所有这些都来自“我”对这片田野的喜爱与深深的眷恋。

就这样，好多次，我悄悄和它们在一起。一个活跃的自然世界，一片生机勃勃的田园，在眼前，在身边无限存在。痴迷这番景象的时间确实过得太快，不知不觉，我的腿蹲麻了，只得轻轻站起来，大气也不敢出，生怕惊动了它们……

久而久之，泥鳅、青蛙好像认识了我，每当我悄悄出现在它们身边时，泥鳅们摆摆尾儿，算同我打了招呼。大多的青蛙不躲不避，该干什么还干什么。有的青蛙很顽皮，从我身边跳过，“呱呱”几声，引起一片喧闹。于是，不知是我同它们玩捉迷藏，还是它们同我玩捉迷藏了。

我美美地嗅着稻花香，陶醉了……

然而，有些美好并不会永远存在。尽管太阳、月亮还如当年一样升起、落下，尽管稻花照样飘香，但那份陶醉我只能在心里回味了。

现在，我家屋门前那一片水田早已成了高楼大厦，硬硬的水泥路面锁住了泥鳅与青蛙的家门，让我再也看不见它们的身影。每当我从当年的田坎路上走过，脚步都会放得轻轻的，怕惊醒泥鳅与青蛙们在地下的美梦……

寻找成长的足迹

成长中那些稚拙的想法、天真的游戏、淘气的行为啊，似乎那样遥远，又像就发生在昨天。

“不动笔墨不读书”，在阅读的过程中，我们要注意勾画出描写生动的语句，写下自己的理解和困惑，这是非常好的阅读习惯。

范文阅读

① 牛

叶圣陶

在乡下住的几年里，天天看见牛。可是直到现在还像显现在眼前的，只有牛的大眼睛。冬天，牛拴(shuān)在门口晒太阳。它躺着，嘴不停地磋磨(cuō mó)，眼睛就似乎比忙的时候睁得更大。牛眼睛好像白的成分多，那是惨白。我说它惨白，也许为了上面网着一条条血丝。我以为这两种颜色配合在一起，只能用死者的寂静配合着吊丧者的哭声那样的情景来相模拟。牛的眼睛太大，又鼓得太高，简直到了使你害怕的程度。我进院子的时候经过牛身旁，总注意到牛鼓着的两只大眼睛在瞪着我。我禁不住想，它这样瞪着，瞪着，会猛地站起身朝我撞过来。我确实感到那眼光里含着

这一部分作者对牛眼睛的描写非常细致，而对“我”的心理描写也生动地表现出了“我”的“怕”。

恨。我也体会出它为什么这样瞪着我，总离它远远地绕过去。有时候我留心看它将会有什么举动，可是只见它呆呆地瞪着，我觉得那眼睛里似乎还有别的使人看了不自在的意味。

我们院子里有好些小孩，活泼，天真，当然也顽皮。春天，他们扑蝴蝶。夏天，他们钓青蛙。谷子成熟的时候到处都有油蚱蜢，他们捉了来，在灶膛里煨(wēi)了吃。冬天，什么小生物全不见了，他们就玩牛。

有好几回，我见牛让他们惹得发了脾气。它绕着拴住它的木桩子，一圈儿一圈儿地转。低着头，斜起角，眼睛打角底下瞪出来，就好像这一撞要把整个天地翻个身似的。

这一段作者运用动作描写，把牛发脾气的样子写得很真实。

孩子们是这样玩的：他们一个个远远地站着，捡些石子朝牛扔去。起先，石子不怎么大，扔在牛身上，那一搭皮肤马上轻轻地抖一下，像我们的嘴角动一下似的。渐渐地，捡来的石子大起来了，扔到身上，牛会掉过头来瞪着你。要是有个孩子特别胆大，特别机灵，他会到竹园里找来一根毛竹，伸得远远地去撩牛的尾巴，戳牛的屁股，把牛惹起火来。可是，我从未见过他们撩过牛的头。我想，即使是小孩，也从那双大眼睛看出使人不自在的意味了。

玩到最后，牛站起来了，于是孩子们轰的一声，四处跑散。这种把戏，我看得很熟很熟了。

“这种把戏”指的是什么？可以把有关的动词圈画出来，再批注上你的体会哟。

有一回，正巧一个长工从院子里出来，他三十光景了，还像孩子似的爱闹着玩。他一把捉住个孩子，“莫跑，”他说，“见了牛都要跑，改天还想吃庄稼饭？”他朝我笑笑说：“真的，牛不消怕得，你看它有那么大吗？它不会撞人的。牛的眼睛有点不同。”

以下是长工告诉我的话。

“比方说，我们看见这根木头桩子，

牛眼睛看来就像一根撑天柱。比方说，一块田十多亩，牛眼睛看来就没有边，没有沿。牛眼睛看出来的东西，都比原来大，大许多许多。看我们人，就有四金刚那么高，那么大。站到我们跟前它就害怕了，它不敢倔强，随便拿它怎么样都不敢倔强。它以为我们只要两个指头就能捻(niǎn)死它，抬一抬脚趾拇就能踢它到半天云里，我们哈气就像下雨一样。那它就只有听我们使唤，天好，落雨，生田，熟田，我们要耕，它就只有耕，没得话说的。你先生说对不对？幸好牛有那么一双眼睛。不然的话，它还让你使唤啊，那么大的一个，力气又蛮，踩到一脚就要痛上好几天。对了，我们跟牛，五个抵一个都抵不住。好在牛眼睛看出来，我们一个抵它十几个。”

以后，我进出院子的时候，总特意留心看牛的眼睛，我明白了另一种使人看着不自在的意味。那黄色的浑浊的瞳仁，那老是直视前方的眼光，都带着恐惧的神

读到这里，你知道文中的“不自在的意味”指的是什么了吗？联系上文长工的话，再找出作者前后对牛眼睛的描写，你认为作者对待牛的态度发生了怎样的变化？

情，这使眼睛里的恨转成了哀怨。站在牛的立场上说，如果能去掉这双眼睛，成了瞎子也值得，因为得到自由了。

日积月累

儿童游戏中常寓有深刻的思想。

——席勒

儿童的魅力好像音乐，它比我们演奏的音乐更有把握能够进入人心。最高傲的人见了它也会变温存；人自己也成了孩子，暂时会忘了他的骄傲和他的地位。

——罗曼·罗兰

② 多难的小鸭

任大霖

我从前养过一只小鸭，它是一只多苦多难的小家伙。

有一天，我的娘舅[①]送来半篮喜蛋。喜蛋是一种孵了一半的蛋，煮着吃是很鲜的；也许只是我们家乡有这种喜蛋。我的奶奶把这篮喜蛋搁在灶梁上，预备明天煮着吃。但是晚上我听见那篮子里有“叮叮”的叫声，我请奶奶把篮子拿下来看看，只见上面的一个喜蛋破了，一只小小的黄脚在伸出来。我用手碰碰它，它就“叮叮”地叫得更响了。我叫起来：“哈，喜蛋活了！喜蛋活了！”我们剥掉了蛋壳，让小鸭出来，它连站的劲儿也没有，光着脖子，瘦骨伶仃的。妈妈说喜

这句话写出了“被动出生”的小鸭的瘦弱。

① 娘舅：母亲的兄弟，就是舅舅的意思。

蛋里剥出来的鸭是养不活的；可是奶奶却细心地把它放在灶门前烤火，它的身子干了，变成一只黄松松的漂亮小鸭子。——这小鸭就算是我的了。

我用棉花在纸匣里给它做个窠，让它睡在里面，把纸匣放在床搁板上，我觉得这是最安全的地方。可是到了晚上，老鼠就来拖它了，把它拖出纸匣，一直拖到床底下；这傻瓜连一声都不叫，也许是老鼠坏，咬住它的嘴不让它叫。正好我要小便，妈妈给我点了灯，老鼠就“嗖嗖”地逃走了。我拿下纸匣，看见鸭子没有了，就叫起来。妈妈用灯照照床底，发现了小鸭，才用扫帚把它拨了出来。

“我”专门给小鸭做了个窠，晚上小鸭还是被老鼠咬伤了，读到这里你的心情是怎样的？

可怜的小鸭被咬破了肩胛，可是它还没死，只是瞪着眼。后来奶奶戴上老花眼镜，给它洗伤口，给它敷万金油，治完了，我们把纸匣放在篮子里，把篮子挂在空中，这样来使它不受老鼠咬。

过了三天，小鸭的伤就好了，也能

出来走走了。它摇摇摆摆地走，走一步“叮”地叫一声；有时候走得太快，它就会留不住步，扑跌在地上，要半天才挣扎得起来。而且它的脖子是歪的，永远向右边侧着，就像对什么都感到惊奇似的；这是因为老鼠咬坏了它的骨头了。——但是尽管有这些缺点，我还是很喜欢它。我开始训练它，让它能跟着我走，我走到哪儿，它就跟到哪儿。

此处通过动作描写把太先生的形象刻画得很真实。

接着就来了第二个磨难。我的“太先生”——这是父亲小时的先生，来做客了。他是一个读古书、踱方步的老先生，走路时每向前慢走三步，就要停下来，看看天，看看四周，有时会这样东张西望地待上一会儿才又走路。——人家说，他的神经稍微有些毛病，是从前读古书太多，又被他的先生打脑袋打坏的。我们是知道他这个缺点的，可是我的小鸭子却不知道，它只知道跟在人后面走。于是，当太先生走到院子里去时，小鸭就来跟他，刚走了三步，它就遭了殃，太先生刚停住脚，正好踏在它的身上，把它的左边翅膀踏住了。小鸭子疼得“叮叮”大叫起来，太先生也慌得几乎跌倒。后来，又是奶奶给它治了伤，敷了万金油。奶奶还说，这小鸭子福分大，幸亏太先生今天没穿那双又大又重的“粉底乌靴”，只是穿了双布鞋，要不然，它早就变成一块肉饼了。不过我想，要是小鸭子的脖子不歪的话，至少它的脑袋要保不住了。这么说起来，它的歪脖子倒救了自己的命。

小鸭子的翅膀好了以后，天忽然下了场大雨，天井里积满了水，像个小池塘。我们就来教它游水。但是小鸭子根本用不着我们教，它摇摇摆摆地走到水边，先用嘴去试试，就扑通跳了下去，头也不回地向天井中间游去，还神气地朝我们看看。不一会儿，它就游得挺好，还会钻到水下面去捉虫吃了。我们都很高兴，说小鸭子这下子可找到个好地方玩了。谁知道水退

通过小鸭的动作和神态，可以体会到它此时快乐的心情。

得很快，到傍晚，天井就干了，我的小鸭子呢，也无影无踪，不知道到哪儿去了，就像它是只糖鸭子，已经被水溶化了似的。

这一夜我没有睡好，半夜里还醒来叫“我要小鸭，我要小鸭”，吵得奶奶和妈妈也睡不好。第二天早上，奶奶去扫天井，忽然听见墙角有轻轻的“叮叮”的叫声，就是看不见小鸭在哪儿。她起先以为是“心注病”，可是“叮叮”的声音越来越清楚了，她仔细一听，才发觉小鸭是在阴沟里面叫呐！——原来，水退的时候，小鸭跟杂草、枯枝一起被漏进阴沟去了，我们还说它很会游水呢！

这小鸭可真是让人捏一把汗！

费了很大的劲，我们才用火钳从阴沟里把它钳了出来。这时的小鸭子，样子才狼狈呢，它一声接一声地叫着，扑扇着翅膀，摇着脑袋，想把身上漆黑的污泥弄掉。我们都大笑起来，它就绕着阴沟口转了个圈子，还朝里面探探头，好像自己也不知道怎么会跑到里面去似的。

不过最大的一次磨难却是它和小鸡争食的那次，这可完全得怪它自己。那时，妈妈又养了五六只小鸡，就跟我的小鸭养在一起。平常吃米的时候，是分开的，小鸡一只盘，小鸭一只盘。但是有一次，小鸡的盘子打碎了，妈妈说，今天让它们跟小鸭一起吃，让它们“聚餐”，就把米都放在小鸭的盘子里。“聚餐”开始了，小鸭却一点儿也不客气，根本不让小鸡走近它的盘子；它先伸长脖子，“呷呷”地咬小鸡，把小鸡赶走，然后自己吃，就这样把一盘米全吃了。

半个钟头以后，小鸭子就不舒服起来，老用一只脚抓自己的胸脯，还张大嘴“嘿”地喘一口气；最后，它躺在地上，只有喘气的劲儿了；它的肫(zhūn)却可怕地突了出来，甚至向下垂：因为米在它的肫里胀了起来。我看见它这样，就跑去报告奶奶说：“奶奶，小鸭子要睡觉了，它躺在那里老打哈欠。”奶奶走去一看，摇着头

读到这里，我们可以感受到小鸭的处境非常危险。

叹道：“唉，什么打哈欠？它是‘贪心害自命’了！它的肫一定要胀破了！它这次可完了！”

奶奶又来医治它了：她把它的嘴掰开，让它吃人丹和十滴水。小鸭子吃好药，就一动也不动地躺着。我想，它一定很难受呢，我非常同情它。

通过对小鸭吃完药之后的状态描写，侧面写出了小鸭的虚弱。

它就这样躺了两天，我们都以为它一定要死了，谁知道第三天上，它又能站起来了，又摇摇摆摆地走动了。

小鸭子就这样活下来了，虽然它的磨难这么多。我现在回想起来，还觉得奇怪呢！

③ 没有人喝彩的工作

黄衣青

有一天，我从学校里跑出来，流着泪，很伤心地走回家里去。

妈妈抱着弟弟，站在门口，弟弟向我招招手，妈妈还是一张微笑的脸，欢迎我回去。

但是我那带着眼泪的脸，使得妈妈很惊奇，她连忙拉着我的手，一边走进去，一边问我说：

“为什么这般伤心？”

“妈妈！我想做的，我要做的事情，老师不让我做！”我一边抹着眼泪，一边呜呜咽咽地说。

“呀！到底什么事？”妈妈温和地问我。

“学校里要开恳亲会[①]……要演剧……

文中的省略号起什么作用？你能通过朗读把“我”此时的心情给读出来吗？

① 恳亲会：旧时学校邀集学生家长，以相互沟通情况，展示学生作业，并辅以游艺助兴的一种活动形式。

但是老师这一次不选我当……当主角，却只要我在后台工……工作！那小龙反做了……做了主……主角了！”我呜呜咽咽地，连话也说不清楚了。

妈妈伸出手来，要我看看她戴着的手表。

“云，你看看！这手表上面有些什么东西？”妈妈一面揩(kāi)干我的眼泪，一面温和地问。

“那是一块玻璃，和两只指针。”我回答说。

妈妈把弟弟放在一旁，脱下手表，把表后面的壳打开，又问我说：“你看见些什么？”

“那些是小齿轮和螺丝！”这时我完全忘记了我的伤心的事！

妈妈继续说：“当我的表面的针没有走的时候，或我的表时间走得不正确，爸爸会笑着对我说，‘这表是虚有外表’。可是怎样才能使这表会走，并且走得正确呢？就得靠这些小齿轮和螺丝，还有那些你看不到的部分。”

停了一会儿，妈妈又望着我意味深长地说：“这是没有人喝彩的工作，但却是重要的工作，而且是不能够没有的。”

我忽然明白起来，心里便觉得很轻松，很快活了。

妈妈从手表的小齿轮和螺丝说起，让“我”不禁联想到自己的伤心事，竟然一下顿悟了，自己解开了心结。这真是一位有智慧的妈妈！

日积月累

谁的童年被爱的阳光照耀着，那他就会互相创造幸福，就会对父母的言语、对他们善良的心意、对他们的劝导和赠言、对他们的温存和警告有着特殊的敏感和接受能力。

——苏霍姆林斯基

4 捅马蜂窝

冯骥才

阅读本篇文章，关注“我”的心情发生了怎样的变化。圈画出相关的语句，并在旁边批注作者的心情。

爷爷的后院虽小，它除去堆放杂物，很少人去，里边的花木从不修剪，快长疯了！枝叶纠缠，荫影深浓，却是鸟儿、蝶儿、虫儿们生存和嬉戏的一片乐土，也是我儿时的乐园。我喜欢从那爬满青苔的湿漉漉的大树干上，取下一只又轻又薄的蝉衣，从土里挖出筷子粗肥大的蚯蚓，把团团飞舞的小飞虫赶到蜘蛛网上去。那沉甸甸压弯枝条的海棠果，个个都比市场买来的大。这里，最壮观的要数爷爷窗檐下的马蜂窝了，好像倒垂的一只大莲蓬，无数金黄色的马蜂爬进爬出，飞来飞去，不知忙些什么，大概总有百十只之多，以致爷爷不敢开窗子，怕它们中间哪个冒失鬼一头闯进屋来。

此处运用比喻的修辞手法，形象生动地写出了马蜂窝的样子。

“真该死，屋子连透透气儿也不能，哪天请人来把这马蜂窝捅下来！”奶奶总为这个马蜂窝生气。

读到这里，我们知道了奶奶想捅马蜂窝的原因。

“不行，要蜇（zhē）死人的！”爷爷说。

“怎么不行？头上蒙块布，拿竹竿一捅就下来。”奶奶反驳道。

“捅不得，捅不得。”爷爷连连摇手。

我站在一旁，心里却涌出一种捅马蜂窝的强烈欲望。那多有趣！当我给这个淘气的欲望鼓动得难以抑制时，就找来妹妹，乘着爷爷午睡的当儿，悄悄溜到从走廊通往后院的小门口。我脱下褂子蒙住头顶，用扣上衣扣儿的前襟遮盖下半张脸，只露一双眼。又把两根竹竿接绑起来，作为捣毁马蜂窝的武器。我和妹妹约定好，她躲在门里，把住关口，待我捅下马蜂窝，赶紧开门放我进来，然后把门关住。

妹妹躲在门缝后边，眼瞧我这非凡而冒险的行动。我开始有些迟疑，最后还是好奇战胜了胆怯。当我的竿头触到蜂窝的一刹那，好像听到爷爷在屋内呼叫，但我已经顾不得别的，一些受惊的马蜂轰地飞起来，我赶紧用竿头顶住蜂窝使劲地摇撼两下，只听“嗵”，一个沉甸甸的东西掉下来，跟着一团黄色的飞虫腾空而起。我扔掉竿子往小门那边跑，谁料到妹妹害怕，把门在里边插上，她跑了，将我关在门外。我一回头，只见一只马蜂径直而凶猛地朝我扑来，好像一架燃料耗尽、决心相撞的战斗机。这复仇者不顾一死而拼命的气势使我惊呆了。瞬间只觉眉心像被针扎似的剧烈地一疼，挨蜇了！我下意识地用手一拍，感觉我的掌心触到它可怕的身体。我吓得大叫，不知道谁开门把我拖到屋里。

“燃料耗尽”“决心相撞”，突出了马蜂在受到伤害后追击人时的迅速和凶猛，更形象地写出了它们殊死一搏、拼死复仇的气势。像这样生动的描写，我们可以圈画出来，批注上自己的感受。

当夜，我发了高烧。眉心处肿起一个枣大的疙瘩，自己都能用眼瞧见。家里人轮番用醋、酒、黄酱、万金油和凉手巾把儿，也没能使我那肿疮迅速消下来。转天请来医生，打针吃药，七八天后才渐渐复愈。这一下好不轻呢！我生病也没有过这么长时间，以致消肿后的几天里不敢到那通向后院的小走廊上去，生怕那些马蜂还守在小门口等着我。

过了些天，惊恐稍定，我去爷爷的屋子，他不在，隔窗看见他站在当院里，摆手召唤我去，我大着胆子去了。爷爷手指窗根处叫我看，原来是我捅掉的那个马蜂窝，却一只马蜂也不见了，好像一只丢弃的干枯的大莲蓬头。爷爷又指了指我的脚下，一只马蜂！我惊吓得差点叫起来，慌忙跳开。

“怕什么，它早死了！”爷爷说，“这就是蜇你的那只马蜂，可能被你那一拍，拍死的。”

仔细瞧，噢，原来是死的。仰面朝天躺在地上，几只黑蚂蚁在它身上爬来爬去。

作者形象地写出了死去的马蜂的惨状。

“马蜂就是这样，你不惹它，它不蜇你。”爷爷说。

“那它干吗还要蜇我呢，这样它自己

不也完了吗？”

“你毁了它的家——那是多大一个家呀！它当然要跟你拼命的！”爷爷说。

作者把自己听到的、看到的、想到的都写了下来，体现了他对马蜂的敬佩和对自己冒失行为的后悔之情。

我听了心里暗暗吃惊。一只小虫竟有这样的激情和勇气。低头再瞧瞧那只马蜂，微风吹着它，轻轻颤动，好似活了一般。我不禁想起那天它朝我猛扑过来时那副生死不顾的架势，与毁坏它们生活的人拼出一切，真像一个英雄……面对这壮烈牺牲的小飞虫的尸体，似乎有种罪孽感沉重地压在我的心上。

那一窝马蜂呢，被我扰得无家可归的一群呢，它们还会不会回来重建家园？我甚至想用胶水把那只空空的蜂窝粘上去。

这一年，我经常站在爷爷的后院里，始终没有等来一只马蜂。

转年开春，有两只马蜂飞到爷爷的窗檐下，落到被晒暖的木窗框上，然后还在过去的旧巢的残迹上爬了一阵子，跟着飞去而不再来。空空又是一年。

第三年，风和日丽之时，爷爷忽叫我抬头看，隔着窗玻璃看见窗檐下几只赤黄色的马蜂忙来忙去。在这中间，我忽然看到，一个小巧的、银灰色的、第一间蜂窝已经筑成了。

于是，我和爷爷面对面开颜而笑，笑得十分舒心。我不由得暗暗告诉自己，再不做一件伤害旁人的事。

日积月累

牧童词

［唐］李涉

朝牧牛，牧牛下江曲。
夜牧牛，牧牛度村谷。
荷蓑出林春雨细，芦管卧吹莎草绿。
乱插蓬蒿箭满腰，不怕猛虎欺黄犊。

⑤ 放风筝

金 波

我小时候，最喜欢玩的游戏就是放风筝。几十年来，我一直保留着美好的记忆，对放风筝也格外留心。

今年的北京，好像很时兴放风筝，天安门广场每天都有放风筝的。我观察来这里放风筝的，大体有这么几种情况：一是对放风筝有浓厚的兴趣；二是带孩子来消遣；三是试飞的。我对第三种最感兴趣，因为他们试飞的风筝无论外形、色彩，还是飞翔的姿态都很别致，不少人都引颈而望[①]。

不一样的风筝有不一样的名字，“屁股帘儿”的名字就很有趣。虽然名字不雅，但最受小孩子欢迎。

说起我小时候放过的风筝，也许有点难为情，因为名称不雅，叫“屁股帘儿”，即使它的雅号，其实也不雅，名

① 引颈而望：伸长脖子远望。形容殷切盼望。

叫“瓦片”。这是我见过的最简单的风筝了，连小孩子都会做。

做一只“屁股帘儿”风筝，先把两根竹条儿交叉着扎起来，另一根横扎在顶端，弯曲成弓形，糊上纸，下端再加上三条纸尾巴就成了。

“屁股帘儿”风筝虽然简单，但最受我们小孩子欢迎。它不用花钱买，万一线断了，风筝飞跑了，也不可惜。

除了“屁股帘儿”风筝，比较大众化的，还有“沙燕儿”风筝。它的外形像燕子，但它的剪刀一样的尾巴和展翅飞翔的双翼却被放大了。

在春天的郊外，在碧蓝如洗的晴空，常常会看到我们放飞的“沙燕儿”。慢慢地，我们也学会了辨认“沙燕儿”的种类：有的叫“肥燕”，翅膀和尾巴都很肥大饱满；有的叫“瘦燕”，体态修长窈窕；有的叫“雏燕”，样子天真稚拙；还有一种叫“比翼燕”，是两只燕

原来“沙燕儿”还有这么多种类啊！

子并肩飞行。

面对天上这么多“沙燕儿”，人们还教会了我们一首老北京的童谣：

作者在这里为什么要写老北京的童谣呢？

肥比男，瘦比女，雏燕像小孩，比翼像夫妻。

听了这首童谣，使我想象到燕子一家在天上飞翔着，心中那股亲情油然而生。

记得我还放过一种叫“黑锅底”的风筝，它的色彩是单一的黑色，样子像“沙燕儿”。不知为什么，见到“黑锅底”，我总会联想到京剧里包公的脸谱。与“黑锅底”相近的，还有“红锅底”“蓝锅底”，色彩也单一，分别为红色和蓝色。它们的色彩虽然单一，但给人凝重简洁的印象，飞上晴空，黑、红、蓝互相映衬，别有情趣。

我们那时放风筝，除了看谁的风筝飞得高远以外，还在放飞时，玩一种叫“送饭的”游戏。

我们小孩子玩得比较简单。所谓

“送饭的”，就是选用彩色的纸片或纸环，把它套在风筝线的下端，借着风力把纸片或纸环，沿着风筝线吹上去，或直达风筝。

我们常常望着“送饭的”，一面旋转着，一面直奔风筝，越飞越远。我们欢呼雀跃，好像真的把“饭”送给天上的风筝吃了。

说到“送饭的”游戏，我总忘不了玩出的新花样。有一次，夕阳西下，暮色苍茫，有人把“送饭的”换成一盏红灯笼，借着风力，它也沿着风筝线飞上了夜空。

阅读过程中，可以在不理解的地方做上批注。

那“送饭的”红灯笼，越飞越高，越飞越远，变成了夜空里一颗红宝石似的星星。凭借着它的光亮，我们可以知道我们的风筝的高度。

在夜晚，这种别有情趣的放风筝，增添了新奇感、神秘感。一直到现在，我还保留着这种感觉。

可惜的是，这么多年了，我再没见

放风筝是“我”童年美好的回忆。

过谁这样放过风筝。

童年的风筝，一直在我记忆的天空里飞翔。

至今，在我家的墙上，还挂着一只风筝，它常常带着我飞回我的童年。

阅读链接

风筝之乡——潍坊

山东省潍坊市，古称“潍县”，又名“鸢都”，被各国推崇为“世界风筝之都”。历史上，潍坊是著名的手工业城市，也是我国风筝、木版年画的主要产地和集散地。2006年，潍坊风筝被列入第一批国家级非物质文化遗产名录。经典的潍坊风筝用竹子扎制骨架，高档丝绢蒙面，再由手工艺人在风筝面上作画，最终形成造型独特的手工风筝。现在，潍坊风筝已经走出国门，被其他国家越来越多的人所喜爱。

6 钓鱼（节选）

鲁 彦

每年一到夏天，河水渐渐浅了，清了，从岸上可以透澈地看到近处的河底。早晨的太阳从东边射过来，石洞口的虾便开始活泼地爬行。伏在岸上往下望，连一根一根的虾须也清晰地看得见。

这时和其他的孩子们一样，我也开始忙碌了。从柴堆里选了一根最直的小竹竿，砍去了旁枝和丫杈，在煤油灯上把弯曲的竹节炙(zhì)直了，拴上一截线。从屋角里找出鸡毛来，扯去了管旁的细毛，把鸡毛管剪成几分长的五截，穿在线上，加上小小的锡块，用铜丝捻成小钩，钓竿就成功了。然后在水缸旁阴湿的泥地，掘出许多黑色的小蚯蚓，用竹管或破碗装了，拿着一只小水桶，就到墙外的河岸上去。

作者把做钓竿的过程写得很详细。

“又要忙啦！钓来了给谁吃呀！”母亲每次总是这样地说。

但我早已笑嘻嘻地跑出了大门。

把钩子沉在岸边的水里，让虾儿们自己来上钩，是很慢的，我不爱这样。我爱伏在岸上，把钓竿放下，不看浮子，单提着线，对着一个一个的石洞口，上下左右地牵动那串着蚯蚓的钩子。这样，洞内洞外的虾儿立刻就被引来了。它颇聪明，并不立刻就把串着蚯蚓的钩子往嘴里送，它只是先用大钳拨动着，做一次试验。倘若这时浮子在水面，就现出微微的抖动，把线提起来，它便立刻放松了。但我只把线微微地牵动，引起它舍不得的欲望，它反用大钳钩紧了，扯到嘴边去。但这时它也还并不往嘴里送，似在做第二次试验，把钩子一推一拉地动着，于是浮子在水面，便跟着一上一下地浮沉起来。我只再把线牵得紧一点，它这才把钩子拉得紧紧的往嘴里送了。然而倘若凭着浮子的浮沉，是

虾很聪明，钓虾的人更聪明。

常常会脱钩的。有些聪明的虾儿常常不把钩子的尖头放进嘴里去，它们只咬着钩子的弯角处。见到这种吃法的虾子，我便把线搓动着，一紧一松地牵扯，使钩尖正对着它的嘴巴。看见它仿佛吞进去了，但也还不能立刻提起线来，有时还须把线轻轻地牵到它的反面，让钩子扎住它的嘴角，然后用力一提，它才嘶嘶嘶地弹着水，到了岸上。

把钩子从虾嘴里拿出来，把虾儿养在小水桶里，取了一条新鲜的小蚯蚓，放在左手心上，轻轻地用右手拍了两下，拍死了，便把旧的去掉，换上新的，放下水里，第二只虾子又很快地上钩了。同一个石洞里，常常住着好几只虾子，洞外又有许多游击队似的虾儿爬行着：腹上满贮着虾子的老实的雌虾，全身长着绿苔的凶狠的老虾，清洁透明的活泼的小虾。它们都一一地上了我的钩，进了我的小水桶。

这里运用动作描写，把“我”钓虾的过程写得很详细。

“你这孩子真会钓，这许多！”大人

们望了一望我的小水桶，都这样称赞说。

到了中午，我的小水桶里已经装满了。

“看你怎样吃得了！……”母亲又欢喜又埋怨地说。

她给我在饭锅里蒸了五六只，但我照例地只勉强吃了一半，有时甚至咬了半只就停筷了。

到了第二天早晨，水桶里的虾儿呆的呆了，白的白了，很少能够养得活。母亲只好把它们煮熟了，送给隔壁的人家吃。因为她和我姊姊是比我更不爱吃的。

读了母亲的话，可以知道“我”是多么喜爱钓虾！

“你只是给人家钓，还要我赔柴赔盐赔油葱！”她老是这样地埋怨我，“算了吧，大热天，坐在房子里不好吗？你看你面孔，你头颈，全晒黑啦！”

但我又早已拿着钓竿、蚯蚓，提着小水桶，悄悄地走到河边去了。

夏天一到，没有什么比这更快乐，空水桶出去，满水桶回来，一只大的、一只小的，一只雌的、一只雄的，嘶嘶嘶弹着水从河里提上来，上下左右叠着堆着。

直至秋天来到，天气转凉了，河水大了，虾儿们躲进石洞里，不大出来，我也就把钓竿藏了起来。但这时母亲却恶狠狠地把我的钓竿折成了两三段，当柴烧了。

“还留到明年吗？一年比一年大啦，明年还要钓虾吗？明年再钓虾不给你读书啦！……”

我默默地不作声，惋惜地望着灶火中毕剥地响着的断钓竿。

从这里可以看出“我”对断钓竿的不舍。

待下一年的夏天到时，我的新钓竿又做成了：比上年的长，比上年的直，比上年的美丽，钓来的虾也比上年的多。母亲老是说着照样的话，老是把虾儿煮熟了送给人家吃。

组文阅读

童年的梦，七彩的梦；童年的歌，欢乐的歌。童年的脚印一串串，童年的故事一摞摞。快速默读以下三篇文章，看看作者描写了童年的哪些趣事。边读边想：你对哪件事情印象最深刻？作者是怎样把自己当时的心情写具体的？

1 歪　儿

冯骥才

那个暑假，天刚擦黑，晚饭吃了一半，我的心就飞出去了。因为我又听到歪儿那尖细的召唤声：“来玩踢罐电报呀——”

“踢罐电报”是那时孩子们最喜欢的游戏。它不单需要快速、机敏，还带着挺刺激的冒险滋味。它的玩法简单又易学，谁都可以参加。先是在街中央用白粉粗粗画一个圈儿，将一个空洋铁罐儿摆在圈里，然后大家聚拢一起“手心手背”分批淘汰，最后剩下一个人坐庄。坐庄可不易，他必须极快地把伙伴们踢得远远的罐儿拾回来，放到原处，再去捉住一个乘机躲藏的孩子顶替他，才能下庄。可是就在他四处去捉住那些藏身的孩子时，冷不防从什么地方会蹿出一人，“叭”地将罐儿丁零当啷踢得老远，倒霉，又得重新开始……他一边要捉人，一边还得防备罐儿再次被踢跑，这真是个苦差事。然而最苦的还要算是歪儿！

歪儿站在街中央，寻着空铁罐左顾右盼，活像一个蒸熟了的小红薯。他细小，软绵绵，歪歪扭扭，眼睛总像睁不开，薄薄的嘴唇有点斜。更奇怪的是他的耳朵，明显的一大一小，像是父子俩。他母亲是苏州人，四十岁才生下这个有点畸形的儿子，取名叫“弯儿”。我们天天都能听到她用苏州腔呼唤儿子的声音，却把“弯儿”错听成“歪儿”。也许这“歪儿”更像他的模样。由于他身子歪，跑起来就打斜，玩踢罐电报便十分吃亏。可是他太热爱这种游戏了，他宁愿坐庄，宁愿徒自奔跑，宁愿一直累得跌跌撞撞……大家玩的罐儿还是他家的呢！

只有他家才有这装芦笋的长长的铁罐，立在地上很得踢，如果没有这宝贝罐儿，说不定大家嫌他累赘(léi zhuì)，不带他玩了呢！

我家刚搬到这条街上来，我就加入了踢罐电报的行列，很快成了佼佼者。这游戏简直就是为我发明的——

我的个子比同龄的孩子高一头，腿也几乎长一截，跑起来真像骑摩托送电报的邮差那样风驰电掣(chè)[①]，谁也甭想逃脱我的追逐。尤其是我踢罐儿那一脚，“叭”的一声过后，只能在远处朦胧的暮色里去听它丁零当啷的声音了，要找到它可费点劲呢！这时，最让大家兴奋的是瞅着歪儿去追罐儿的样子，他一忽儿斜向左，一忽儿斜向右，像个脱了轨而瞎撞的破车，逗得大家捂着肚子笑。当歪儿正要发现一个藏身的孩子时，我又会闪电般冒出来，一脚把罐儿踢到视线之外，可笑的场面便再次出现……就这样，我成了当然的英雄，得意非凡。歪儿怕我，见到我总是一脸懊丧。天天黄昏，这条小街上充满着我的迅猛威风和歪儿的疲于奔命。终于有一天，歪儿一屁股坐在白粉圈里，怏(yàng)怏无奈地痛哭不止……他妈妈跑出来，操着纯粹的苏州腔朝他叫着骂着，扯他胳膊回家。这愤怒的声音里似乎含着对我们的谴(qiǎn)责。我们都感觉自己做了什么不好的事，默默站了一会儿才散。

歪儿不来玩踢罐电报了。他不来，罐儿自然也变了，我从家里拿来一种装草莓酱的小铁罐，短粗，又轻，不但踢不远，有时还踢不上，游戏的快乐便减色许

---

① 风驰电掣：像风奔驰，像电闪过。形容速度非常快。

多。那么失去快乐的歪儿呢？我望着他家二楼那扇黑黑的玻璃窗，心想他正在窗后边眼巴巴瞧着我们玩吧！这时忽见窗子一点点开启，跟着一个东西扔下来。这东西掉在地上的声音那么熟悉，那么悦耳，那么刺激，原来正是歪儿那长长的罐儿。我的心头第一次感到被一种内疚深深地刺痛了。我迫不及待地朝他招手，叫他来玩。

歪儿回到了我们中间。

一切都奇妙又美好地发生了变化。大家并没有商定什么，却不约而同、齐心合力地等待着这位小伙伴了。大家尽力不叫他坐庄。有时他“手心手背”输了，也很快有人情愿被他捉住，好顶替他。大家相互配合，心领神会，作假成真。一次，我看见歪儿躲在一棵大槐树后边正要被发现，便飞身上去，一脚把罐儿踢得好远好远，解救了歪儿，又过去拉着他，急忙藏进一家院内的杂物堆里。我俩蜷缩在一张破桌案下边，紧紧挤在一起，屏住呼吸，却互相能感到对方的胸脯急促起伏，这紧张充满异常的快乐啊！我忽然见他那双眯缝的小眼睛竟然睁得很大，目光兴奋、亲热、满足，并像晨星一样光亮！原来他有这样一双又美又动人的眼睛。是不是每个人都有这样一双眼睛，就看我们能不能把它点亮。

② 抽陀螺（tuó luó）

徐 鲁

寒冷的冬天，在我的故乡，所有的池塘和小河，都会结上厚厚的冰层。这时候，我们这些乡村小孩，最喜欢的就是在光滑的冰面上玩溜冰和抽陀螺的游戏了。

陀螺大都是用圆木做的，在它锥形的底尖往往镶嵌（xiāngqiàn）着一粒小钢珠，四周也都用砂纸打磨得十分光滑；之后再选一条结实的布绳或牛皮筋，系在细小的竹棍上，做成“抽鞭”。抽陀螺时，先用抽鞭缠绕几圈陀螺，然后一手握住鞭子，一手扶住陀螺，用力一拉，立刻松开，陀螺就飞速转动起来。为了让陀螺转动得更快、更稳、更久，孩子们需要不断地用鞭子抽打它，所以这个游戏就叫“抽陀螺”。

现在，各地冬天气温变暖，特别是在江南，很少有结冰的池塘和小河了，所以，小孩子大多是在平滑的水泥地上玩抽陀螺的游戏。抽陀螺游戏可以一个人独自玩，也可以两三个人或更多的小朋友一起进行抽陀螺比赛。比赛的形式可以是比谁的陀螺转动的时间最长，谁的陀螺被抽打着转动到最远的地方，还可以是比谁的陀螺转动得最有力，能把对方的陀螺撞倒。这个游戏最适合在冬天里玩，既能锻炼臂力，驱除寒冷，还可以考验小朋友抽打陀螺时的应急能力和平衡能力。

日积月累

孩子一开始必须通过对生活的热爱来获得知识，随后他们便会脱离生活去求得知识，再往后，他们又会带着成熟的智慧重返自己更为充实的生活。

——泰戈尔

童年原是一生最美妙的阶段，那时的孩子是一朵花，也是一颗果子，是一片朦朦胧胧的聪明，一种永远不息的活动，一股强烈的欲望。

——巴尔扎克

③ 我的“小脚儿娘”

林海音

老九霞的鞋盒里，住着我心爱的“小脚儿娘”，正在静静地等着她的游伴——李莲芳的“小脚儿娘”。

夏日午后，院子里的榆树上，唧鸟儿（蝉）拉长了一声声“唧——唧——”的长鸣。虽然声音很响亮，但是因为单调，所以并不吵人。妈妈带着小弟弟、小妹妹在这有韵律的声音中，安然地睡着午觉。只有我一个人，在兴奋地等着李莲芳的到来——我们要玩小脚儿娘。

一放暑假，我就又做了几个新的小脚儿娘。一根洋火棍，几块小小的碎花布做成的小脚儿娘，不知道为什么给我那么大的快乐。

老九霞的鞋盒，是小脚儿娘的家；鞋盒里的隔间、家具，也都是我用丹凤牌的洋火盒堆隔成的。如果是床，上面就有我自己做的枕和被；如果是桌子，上面也有我剪的一块白布钩了花边的桌巾。总之，这个小脚儿娘的家，一切都是照我的理想和兴趣，最要紧的，这是以我艺术的眼光做成的。

最让人兴奋的是，中午吃饭的时候，我准备了一个用厚纸折成的菜盒，放在坐凳旁边。等爸爸一吃完饭放下筷子离开饭桌时，我的菜盒就上了桌。我夹了炒豆芽儿、肉丝炒榨菜、白切肉等等，装满一盒子。当然，宋妈会在旁边瞪着我。不管那些了，牙签也带上几根，好当筷子用。

李莲芳抱着她的鞋盒来了。我们在阴凉的北屋套间里，展开了我们两家的来往。掀开了两个鞋盒，各拿出自己的小脚儿娘来。我用手捏着只有一条裤管脚和露出鞋尖的小脚儿娘，哆哆哆地走向李莲芳的鞋盒去，然后就是开门、让座、喝茶、吃东西、聊天儿。事实上，这一切都是我俩在说话、在喝茶、在吃中午留下来的菜，说的都是大人说的话，趣味无穷。因为在这一时刻，我们变成了家庭主妇，一个家的主妇，可以主动、可以发挥，最重要的是不受制于大人。

阅读实践

这三篇文章都是以具体可感的“物”为线索串联故事的，找一找每篇文章是以何“物”为线索，围绕着“物”写了哪些事，这些事中又涉及哪些主要人物，他们的心情是怎样的。完成下面的表格。

文章题目	物	事	人	心情
《歪儿》				
《抽陀螺》				
《我的“小脚儿娘”》				

活动二

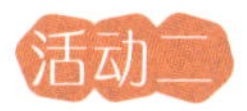

这三篇文章都叙述了童年的游戏，在文中圈画出这些游戏的玩法，选择其中一个游戏将关键信息填写到图表中，再和同学讲一讲这个游戏怎么玩。

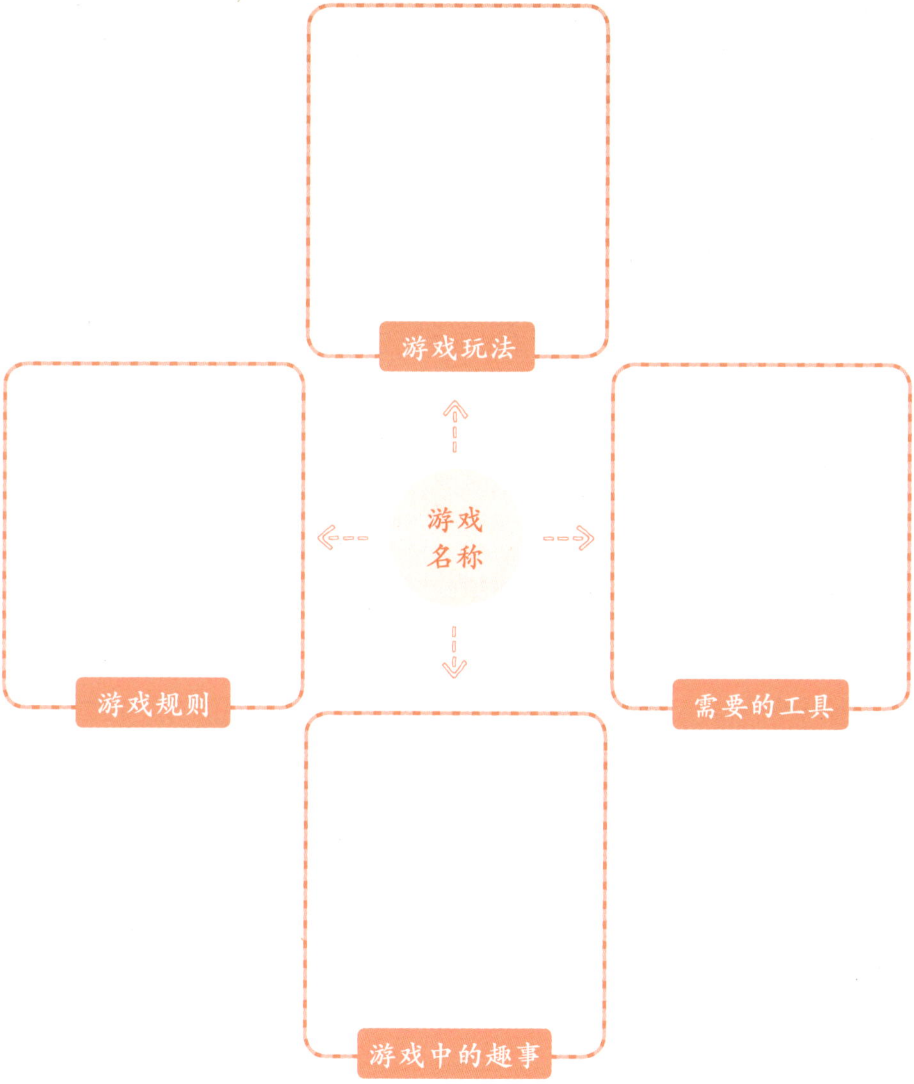
游戏玩法
游戏名称
游戏规则
需要的工具
游戏中的趣事

活动三

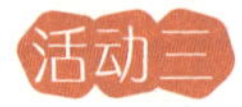

同学们，你们的生活中都有哪些好玩的游戏？选择一张游戏时的照片贴在下面，介绍一下这个游戏，再和其他人分享一下游戏中的趣事吧。

我的照片

游戏名称

游戏玩法

游戏中的趣事

自由阅读

1 第一次投稿（节选）

金　波

我第一次投稿，是在鞍山上高一的时候。尽管在班里我被公认是个“诗人”，老师在我的作文评语中还写过“语言十分简练、形象，具备了写诗的基本条件”之类的话，但我的投稿仍是偷偷摸摸进行的。

我很担心投稿的失败。我曾设想，假如同学们看到了我的退稿，我那顶“诗人”的桂冠也就戴不成了。还有，夸赞过我的老师也会大失所望。总之，很怕丢了面子。

寄稿前，我把高一第一学期写过的三首诗都找了出来。它们都是5分的成绩。《我爱鞍山》这首诗，是我插班进入高一以后写的第一首诗。记得把作文交上去以后，我一直忐忑不安，一是不知道作文课能不能写诗，二是担心老师不喜欢我的诗。但是，让我感到意外的是，老师不但允许写诗，在讲评课上，还得到了王建瓴先生的好评。我记得他用他那略带着南方口音的标准话朗诵了我的诗。他讲了诗的抒情本质，又从结构上概括了诗的内容，还从语言上分析了诗的特点。同学们听得很认真，因为王先生分析得很细致，很透彻，给我们增加了许多新的文学知识。

作文发下来以后，我急不可待地阅读着老师的“眉批”和“评语”。我看到的是老师用朱红的笔、工整的字十分详细地进行了批改、点评。他还在我的习作后面，准确地写了三点肯定的意见。这深深地感动了我，我回想起，从小学到高中，这是批改最详细的一篇作文，而且批改的又是一首诗，这让我感到亲切，受到鼓舞。

在老师的鼓励下，过了不久，我在一次自由命题的作文课上，又写了两首诗，一首题为《海浪之歌》，一首题为《我心爱的》。这次的作文，老师虽然也给了5分，但我发现王先生在评语中写了不少不足之处和写诗应注意的问题，如“在语言的含义上，还不够深刻，这是一个语言的修养问题；诗歌要求高度的形象和深刻的含蓄，希望你在这方面进一步掌握我们祖国优美的语言，平时多阅读一些诗作”。对于我的第二首诗《我心爱的》的评语是：“第二首诗描写倒挺细腻生动，但是正由于语言的含蓄性不够，所以让读者体会到的思想性也还不够强烈；所以怎样要求语言的精练和要求深刻地表达自己的思想感情，是你今后写诗的中心课题。”

为什么作者把寄稿前的事情写得这么详细？

对上述三首诗，我做了比较和修改，最后决定把《我心爱的》这首诗投寄给报社。稿子寄出以后，又开始了第二轮的忐忑不安。我在想，如果让同学拿到的是报社寄来的退稿信，我该怎么回答。

我天天到报栏前面去看报，希望看到我的诗能够见报。

我很失望，一个星期过去了，我投寄的诗，如石沉大海。

我又在想，编辑如决定发表，一定会先来信通知。我又开始等报社的来信。

又过了一个星期，收发室的小黑板上写出通知，让我去取挂号信。

我拿到信一看，正是我盼望已久的报社来信。信虽未启封，我已认定是诗稿被采用的通知。我在想，如果是一封退稿信，何必要挂号！我这样想着，按捺(nà)不住心中的喜悦。

我来到校园的一棵大树下，静了静心，启开信封，首先看到的是退稿！我又把编辑的来信看了一遍，证实了“不拟采用”的结果。

第一次投稿失败了，所幸的是没有第二个人知道。今天，当我又翻开四十七年前的作文簿，重读那首少年之作《我心爱的》，还有王建瓴先生的评语的时候，涌上心头的不再是颓(tuí)丧、失望和羞愧，而是对于往日生活的怀念和感激之情。

为什么说“投稿是一件需要勇气的事情”？“我”的勇气来自哪里？

现在想起来，投稿怎么可能一次就成功呢？投稿是一件需要勇气的事情。现在大家对于投稿的失败，给予了更多的理解。我们可以光明正大地做自己喜欢的事情。

② 一盘花式蛋糕

孙幼军

爸爸和妈妈各牵着我一只手，走在人行道上。人行道上的积雪被路人踩得坚实而光亮。我时不时蹲下来，让爸爸妈妈弯身拉着我滑冰。

哈尔滨严冬的傍晚，连空气都像是被冻得凝固了，我却折腾得浑身燥热。爸爸妈妈在一个明亮的大玻璃窗前停下来，指着橱窗里几个穿皮大衣的“木头人儿”议论着。我闲得无聊，抚着横在大玻璃前一条很粗、很长、锃(zèng)亮的铜扶手跑来跑去。

我从头到脚，给捂得严严实实。我的手上戴着厚厚的“手巴掌”，还有一条细带子连接着。要是想领略一下铜扶手的清凉，最方便的办法大概只有把舌头伸出去，舔上一舔吧。

我就真那么干了。

这时发生了我完全没料到的事：我的舌头立刻牢牢地粘在大铜管子上。我惊慌地一挣，舌头是扯下来了，一块皮却留在了铜管子上面。

我“哇”的一声哭出来。爸爸妈妈双双跑过来，其中一个抱起我。他们不知道，我感到世界已经在这一刹那毁灭了。商店，路灯，汽车，连同跑上来的爸爸妈妈都一齐消失了。眼前剩下的只有一大片可怕的红色——我嘴里流出的鲜血。

凭着自己的过失，我博得一份额外的爱怜。

记不得是第二天还是第三天，妈妈把我领进了一家外国咖啡馆。屋里很幽静，只坐着两三个人。桌面是玻璃的，椅子像火车里的座位——有高高的靠背。躲在那后面，没人看得见我。

穿白上衣的侍者端来一杯袅袅上升着一缕白气的牛奶，还有一大盘漂亮的、香喷喷的小蛋糕。

妈妈笑着把牛奶和蛋糕都推到我面前，拿起锃亮的小匙子放在我手里。那盘点心真诱人啊！小蛋糕有长方形的，有三角的，有圆的，下面都有个花边儿的白纸托托儿。蛋糕上面挤着各色各样的奶油花朵，有一块，黄花朵中间还嵌着个通红的樱桃。我常在“秋林公司”的玻璃柜里见到这东西，每次都是妈妈用力扯住我的手，我才肯离开。

现在，它们就摆在我面前，那么大一盘子！

可是，我只是眼泪汪汪地看着它们。

终于，坐在我对面的妈妈也眼泪汪汪的了。

妈妈说，那一年我三岁。从那时候起我就知道，世界上的事情常常是不如意的。前几天我向一位偶然碰到的老同学发感慨，说那会儿看见烧得红彤彤的肘子真馋啊，就是没钱买；昨晚老伴儿烧的那个大肘子看上去极好，却没胃口吃了。老同学笑了，说："正是俗话讲的：有牙没豆儿；有豆儿没牙！"

我同那盘令我怀念的花式蛋糕也是这样的。

为什么那盘花式蛋糕会令"我"如此怀念呢？

日积月累

观村童戏溪上

［宋］ 陆游

雨余溪水掠堤平，闲看村童戏晚晴。

竹马踉跄冲淖去，纸鸢跋扈挟风鸣。

三冬暂就儒生学，千耦还从父老耕。

识字粗堪供赋役，不须辛苦慕公卿。

3 打酱油

周玉洁

我们小时候，酱油、醋，包括雪花膏、洗发膏这一类的都时兴买散装的（因为瓶装的贵）。每家每户都必备着油盐罐儿、醋瓶儿、酱油瓶儿。打酱油这活儿，一般都是小孩子们做的。

那时，我家旁边就有个酱铺。酱铺有个油光光的水泥柜台，柜台里头是些大小不一的缸，分别装醋、酱油、白酒之类。木铺板门用长条凳子支在店门外，上头放着一些搪瓷盆子，装酱菜。红腥腥的榨菜、辣萝卜条儿；黑森森的大头菜；嫩酸酸的腌白菜……酒香、醋香、酱油香……酱铺色香味俱全，小孩子们路过那儿总是禁不住吸鼻子流口水。真的，都不好形容在那个年代，那感觉有多美，多残忍，多复杂了。

读了这段话，我眼前仿佛出现了这个酱铺的样子。

有时候酱铺里进回来了猪板油，当街架起大铁锅用木头梓子炼油。油渣肉黄灿灿香酥酥的，诱人得很。有时他们进回来整鼓子的炼猪油，也架火，将大油鼓子放在火上烤，油鼓子口上接个盆子，金黄透明的猪油烤化了流到盆子里，一条街都是猪油香，香得人脑壳发闷。

因为离酱铺近，我妈总是直到热锅上炒着菜，一拎瓶子空了，才匆忙急促地灌点水涮涮，喊一声："麻利点儿帮打酱油！"

得了这一声令，赶紧接过瓶子和一毛钱朝酱铺跑。

以前我看过一个笑话，说一个孩子记性差，总是记不得到底是叫她打酱油还是打醋，于是不断地在嘴里念，酱油酱油酱油……忽然绊了一跤，爬起来之后忘记了，嘴里念成了醋醋醋……我觉得这个笑话就是说我的，我也总是记不得我妈到底是叫我打酱油还是打醋。有时候跑到门外又跑回来问，打啥子？我妈气呼呼地挥着锅铲，怒吼一声："酱油！"

我从五岁多开始帮着打酱油，直到七岁多才悟出打酱油其实是有玄机的。

那一回，也是晌午，我妈也是正炒着菜没酱油了，于是我照例接过一毛钱和酱油瓶子去酱铺。我去的时候，有个小孩子也在那儿打酱油，他也拿着一毛钱，但他却对酱铺的人喊着："打九分钱的酱油，买一颗糖果。"酱铺的人给那孩子打罢了，手里还拿着酱油溜子[①]，见我也拿着空酱油瓶，于是顺手把我的瓶子拽过去，一并打了九分钱的酱油，然后给我和那个孩子一人递来一颗糖果。

那一回我"搭顺风车"从打酱油这差事里赚了一颗糖果，才忽然悟出，原来，酱油可以打九分钱的呀，原来打酱油是能顺路吃颗糖果的呀。我把那颗糖果藏在裤兜里，不敢吃，怕被我妈发现了骂我。直等到吃罢了晌午饭，才跑出屋外找了个地方躲着把那颗糖果吃了。

真甜呀，可就这点儿甜头，让我后来吃了苦头。

过了不久，我妈叫我去打醋。那时候醋比酱油便宜，一般的五分钱就够打醋了。我握着五分钱，拿着醋瓶子，一路走得很纠结，到了酱铺，还是没忍住，一张嘴——"打四分钱的……醋……一颗……糖果……"就自己顺嘴跑出来了。

心里扑通跳，拎着醋瓶子回家，果真被我妈一眼就发现了。唉，我那时候真是愚笨，没有生活常识。一毛钱的酱油和九分钱的酱油差距不太大，也就是酱油溜子

① 溜子：指漏斗。

稍微斜一丝的差距，但五分钱的醋和四分钱的醋可是大小不同的两个醋溜子的差距啊，那倒在瓶子里差一大截子呢，资深主妇的我妈咋会看不出来？

我妈照旧挥舞着锅铲儿，劈头给了我一锅铲，并批评我道：“叫你打个醋，你半路还偷喝，看你下回还敢不！”

吃了一锅铲，脑袋疼得眼泪花儿乱转，我真想辩解啊，想说：“我没偷喝哇！”但又想，在偷喝几口醋和偷赚一颗糖果之间，到底还是偷喝醋付出的代价小些吧。

“眼泪花儿乱转”，还有这三个“想”，把“我”当时的感受写得很真实。

不过此后，我每每想起挨的那一锅铲，就再也不敢偷赚一颗糖果了。再去酱铺打酱油的时候，我站在那儿，望着酱油溜子，又望望装着糖果的玻璃罐子，心里那个难受哇，别提有多严重啦！

4 难忘的童年游戏[①]

廖　奔

我在郑州上的小学，当时郑州还只是黄河岸边一座风沙小城。课时不多，作业也大多在教室就做完了，于是整天地疯玩。玩什么呢？男孩子爬树上房、叠罗汉摔跤、拍画片弹球，女孩子跳皮筋跳格子、抓羊拐斗五子、丢包翻丝绳。总之整天都在地上“囚”着，弄得一头一身的灰土，父母们也都不以为意。

游戏有些只是身体动作，不用玩具，例如我最沉迷的“斗鸠”。所谓“斗鸠”，就是用手扳起自己的一条腿，另一条腿蹦着，用膝盖去把对方撞倒。那时我以为游戏名应该叫“斗鸡”，“鸠”是土音把“鸡”叫转了。现在想想“斗鸠”也有道理，大约意思是斗斑鸠、斗鹌鹑之类吧？一般只和同龄人玩“斗鸠”，因为不同年级身高相差太远无法匹敌。记得一次正和同班同学酣斗，忽然一群人高马大的高年级学生跳了过来，吓得同

① 选入本书时略有删改。

学们四散奔逃。我想跑已经来不及，只好被迫迎战。一个高个子蹦起来泰山压顶似的用膝盖砸向我的肩膀，想一击而胜。没想到我因为以静待动站得很稳，趔趄了一下没有倒掉，上挑的膝盖反而使他失去重心，弄了个“嘴啃泥”。从此我们知道“斗鸠”可以以矮胜高，不再无谓地惧怕高年级。玩“斗鸠”的那几年，极大地强健了我的身体和腿力。

有些游戏则要自制玩具，例如吹“鼻纽”。春天来了，柳条发青，把它割下来，用力一拧，树皮就脱开了树干。把树皮褪下来一小截，一头捏扁，削去一咕噜外皮，放嘴里一吹，“笛呀——笛呀——”地响。满街上孩子乱跑，就到处“笛”成一片。如果把树皮拧得长一点，再挖上几个孔，就做成了柳笛。吹时，把套在里面的树干来回抽动，就发出时高时低的乐音。摔三角、四角是男孩子喜欢玩的。先在街头捡回花花绿绿的纸烟盒，叠成一个个的三角或四角，叠多了插成一长摞，就出去寻找玩家对手。石头剪子布确定先后，输家把自己的放在地面，赢家用他的去拍，拍翻就是他的了，拍不翻就轮到其他人拍。

自制玩具是需要动手能力的。做铁环则要找更粗壮些的长铁丝，最好是能找到铁箍，再做一个铁丝钩，用钩子推着铁环大街小巷“哗啦哗啦”走。放学时的场面是最壮观的，一堆堆的男孩子都欢快地推着铁环，于是满大街喧哗着“哗啦哗啦”声。

当大街小巷的孩子一窝蜂踢毽子时，原来气宇轩昂的公鸡就倒了霉，经常被孩子追得到处乱飞，因为它们美丽的羽毛受到了青睐。薅(hāo)够了鸡毛，用布缝进两个铜钱、一根鸡翎管，再插上鸡毛，一个毽子就诞生了。那年头经常见到尾巴被薅秃的公鸡，看到二婶三姑七大娘为自己家的公鸡被薅了毛而生气。想起来骄傲的是，我们那时踢毽子的技术远远高于现在。例如“跳毽”，先用前脚踢起毽子，然后跳起来再用后脚踢，踢得高高的，高到一丈多，等它落下来接着又是一跳，毽子重新弹起来，在空中划出美丽的弧形。一个孩子跳，一堆孩子数，往往能连跳十几二十几个。又有“跪毽”，和“跳毽”差不多，但后腿是从蜷着的前腿下弯过去把毽子踢起来。又有“划跪”——“跪毽”外带花哨动作，即跳起来先用前腿围着落下的毽子画一个圈后蜷缩起来，再用后脚把毽子踢起来。“跳毽”“跪毽”“划跪”插花着来，就让人眼花缭乱目不暇接。哪像现在，一圈人围着一个毽子踢，你一脚，他一脚，干巴巴地没情绪。

打陀螺现在是大人的游戏了，街心广场里常见成人甩着脆响的皮鞭，把买来的大陀螺抽得“呜呜”响。那时我们都是自己做。找一根粗细适中的树干，用菜刀砍断，再用铅笔刀削平一头、削尖另一头，马路边捡个轴承滚珠安上去，就成了一个陀螺。再用一根布条绑在树枝上，做成鞭子。用鞭子缠住陀螺身子，放在地上猛一拽，陀螺就旋转起来，你只要用鞭子继续抽打它就行了。当然，我们做的陀螺质量并不佳，通常比较细长，圆心又不准，转起来很不平稳，一跳一跳的，却别有风姿。遇到碰陀螺，就容易被击败，和人家的陀螺一碰，自己的一下就跳到一边，甚至斜着滚得远远的“睡觉”去了。和做陀螺相似的是做“苏”。把一短截树枝两头削尖，就是一个“苏”。玩时把“苏”放在地上，手拿一根短棒击打“苏”的一头，在“苏”弹起来的一刹那，用短棒一下把“苏”打出去，打得越远越好，叫作“打苏”。

这不同的游戏方式还有流行性，一阵子都玩这个，过阵子又都玩那个，也不知道流行风是怎么吹来、从哪儿吹来的，反正忽然一下就都扔下原来的，改玩另外一种了。流行的范围有多大呢？过去不了解。那年和新疆维吾尔自治区文联主席阿扎提一起出访土耳其，看到当地的民俗博物馆里陈列有儿童玩具，铁环、弹弓、陀螺、“苏”都有。阿扎提看了很兴奋，说他小时候在他们那儿也玩这些——难道整个丝绸之路都被这些游戏覆盖了？

当然也有买来玩的玩具，例如弹球。过去最受欢迎的货郎担上，经常拆零了卖跳棋用的彩色玻璃球，孩子们拿它用手指头弹着玩。一种玩法是在地上挖五个浅坑，大家轮流把玻璃球弹进每一个坑里，都完成后还要再弹进远处一个单另的坑，谁先完成谁赢。另一种玩法是互相用弹出的玻璃球击打对方，谁先命中谁赢。有弹得好的，命中得又准又狠，命中时发出响亮的“啪”声，我们叫作“炸子”。“炸子”有时能把对方的玻璃球击碎。

读后想一想：作者写了几种难忘的童年游戏？他是怎么把这些游戏写清楚的？

这就是过去我们玩的儿童游戏，原始、质朴，土得掉渣，却又带着几分清新气。也正是有了这些游戏，我们虽然生活在物资匮乏的年代，一个个长得精瘦却都有股干巴力气，更增添了日常生活的欢乐和精气神。

日积月累

游戏是儿童最正当的行为，玩具是儿童的天使。

——鲁迅

游戏是小孩子的“工作”。

——莎士比亚

娱乐活动是为学习做好准备，又是学习后消除疲劳的良药。

——马克·吐温

5 淘气的年龄①

冯骥才

那是我上小学四年级时。我前排坐着一个女同学，十分瘦弱。她年龄与我一般大，个子却比我矮一头。两条短短的黄辫儿，简直是两根麻绳头。一天，上语文课，我没听讲，却悄悄把眼前的两条黄辫子拴在这女同学的椅子背儿上。正巧老师叫她回答问题，她一起身，拴住的辫子扯得她头痛得大叫。我的语文老师姓李，瘦削(xuē)的脸满是黑胡茬(chá)儿，连脸颊上都是。一副黑边的近视镜混淆(xiáo)了他的眼神，使我头次见到他时以为他挺凶，其实他温和极了。他对我调皮的忍耐限度比别的老师都大。但不知为什么，那天他好厉害，把我一把拉到课堂前，叫我伸出双手，狠狠打了十多板子。他真生气呢！气呼呼地直喘，什么话也说不出来了，只指着门瞪圆眼对我吼道：“走！快走！”

我离开了课堂，一路跑回家。我手疼倒没什么，但

---

① 本文选自《书桌》，题目为编者所加。

当众挨打受罚，我的自尊心受不了。于是，我眼泪汪汪地在桌上写了“李老师是狗”几个字。我写得那么痛快和解气，好像这几个字给我报了什么“仇”似的。这几个字就相当威风地在我桌上保留了好长时间。

在表的嘀嗒声中，在上下课的铃声中，在雨和雪轮番交替地敲打窗子的声音中，我长大起来，事也懂得多了。桌上那几个字却不那么神气了，反而怕被人瞧见，似乎成了一种不光彩，甚至是耻辱的污迹。我带着一种说不清是对李老师，还是对长大以后再也遇不到的那个瘦弱女同学的愧疚心情，用手巾尖儿蘸些水使劲把这几个字抹下去。

> 是什么让“我”的心情发生了变化？阅读这篇文章，看看针对“我”的心情，还可以提出哪些问题。

真奇怪！字儿抹掉了，好像心里干净了一些。

《爱的教育》

[意大利]亚米契斯

推荐语

《爱的教育》是一部极富感染力的儿童小说，被誉为“伟大的爱的经典”。那一个个发生在学校、班级和家庭里的感人至深的故事，在作者平凡而细腻的笔触下，展示出师生之爱、亲子之爱、同学之爱、对祖国的爱，洋溢着深厚、浓郁的情感力量。100多年来，《爱的教育》超越了时空的限制，始终畅销不衰，成为一部最富爱心和教育性的读物。凡是读过此书的人，都无法抗拒它的魅力。就让我们沿着时光隧道，走进书中一篇篇触及心灵的故事，开启一段爱的旅程吧！

作者简介

亚米契斯（1846—1908），意大利著名儿童文学作家。他曾经游历过欧亚许多国家，有着丰富的生活经验。他的许多作品以真挚而细腻的情感，描写了普通人民穷困的生活，赞美了普通人真诚、善良的美好品质。他描写家庭、学校和社会教育为主要内容的作品更是脍炙人口，代表作有《爱的教育》《工人女教师》《学校和家庭之间》等。尤其是《爱的教育》写得最为成功，被译成多国语言，广为流传。

内容梗概

《爱的教育》是一部日记体的小说，全书由主人公恩利科的100篇日记组成，写的是他一个学年的生活，其中包括恩利科的生活片段，他的父母对他的教诲，老师讲的“每月故事”等。

在这本书中你将认识恩利科和他身边那些友善、可爱的朋友：恩利科是一个刚刚上四年级的学生，平时学习勤奋努力，待人诚挚友善；班长德罗西为人热心，当他知道同学科罗西的父亲是服刑回来的人时，小心地保守住了这个秘密；火车司机的孩子卡罗内有着一颗高尚的心灵，看见有人欺负弱小者他总会挺身相助；绅士的儿子诺比斯和烧炭工的儿子倍梯有一次为了一点小事吵架，在家长的点拨教育下，两个孩子最终成为好朋友；小抄写员朱里奥为了帮助父亲抄写公文累坏了身体，而面对父亲的责怪和家人的不理解时，朱里奥默默忍受着一切并继续坚持，最终感动了父亲，重获父爱……恩利科总是被父母、老师、同学们的爱而感动着，是他们给了他“爱”的力量。

在阁楼上

28日，星期五

按照报纸上刊登的消息，昨天晚上，我跟母亲和姐姐西尔维娅将衣物送给一位穷困的女人。我拎着这包衣物，西尔维娅拿着那张提供名字和地址的报纸，我们爬上一座高大的楼房，来到屋顶下面的阁楼。长长的走廊里排列着一扇扇小门。母亲敲敲最后一扇小门，一位还算年轻、长着金黄色头发而消瘦憔悴的女人给我们开了门。她头上围着深蓝色的头巾，我脑子里马上闪出一副特别熟悉的面孔，似曾多次见过她。

“您是报纸上刊登的那位夫人吗?”我母亲问。

“对，就是我。”女人马上回答。

“那就好，我给您带来一包衣服。”母亲说。

这女人一边接包裹，一边感恩道谢，自言自语地说个不停。

在空荡荡的房间的一个阴暗角落里，我看见一个背对着我们、跪在椅子前，好像在写字的孩子。仔细一看，纸摊在椅子上，地上放着一瓶墨水，他真的是在写字。

在这间光线十分昏暗的房间里，怎么能写字呢?当我喃喃自语时，我一下认出了那满头红发、穿着长长上衣、吊着一只残臂的男孩，他不正是卖菜女人的儿子科罗西吗?当那女人收拾那包衣服时，我悄悄告诉母亲他就是科罗西。

“别吱声!”母亲嘱咐我说，“要是他看见我们对他们家施舍，准会有些难为情，不好意思。还是别让他知道为好。”

正在这个时候，科罗西回过头来，我顿时局促不安，不知说什么才好。而科罗西呢，只是微微一笑，没有特别的表情。母亲示意我跑过去拥抱科罗西。我拥抱了科罗西，他站起来，拉着我的手，一句话也没说出来。

“我和儿子住在这里。”他母亲对我母亲倾诉说，“我丈夫去美洲已有六个年头。我是个有病的人，再不能靠卖菜挣几个钱养家糊口了，连一张供可怜的路易吉诺写字的小书桌都没有留下，下面的大门洞里原来还放着我家一张课桌，现在也让别人搬走了。家里连一盏供学习用的煤油灯也没有，孩子的眼睛都要熬坏了。市政府供给他书籍和作业本，他才能勉强上学，这真是他的福气啊。可怜的路易吉诺是多么好学呀。我实在是个不幸的女人！”

我母亲把钱包里所有的钱都给了她，又亲了亲路易吉诺。我们从路易吉诺家出来时，母亲眼里噙着泪花，差一点儿哭出声来。

最后，还是母亲说得有理：

“你看那孩子多么不容易呀，人家还照样刻苦学习。你生活舒服，家里应有尽有，还觉得上学是件苦差事呢！我的恩利科哟，他一天付出的代价比你一年付出的还要多，头等奖应该发给像他这样的孩子！”

清扫烟囱的孩子

1日，星期二

昨天晚上，我到靠近我们学校的女子学校去，把《帕多瓦的爱国少年》送给姐姐西尔维娅的老师看——她也想看一看这个故事。这所女子学校有七百个女生。我到的时候，她们已经开始放学了。今天和明天是学校放假的日子，她们个个欢欣雀跃，显得格外高兴。

这一次，我遇到一件令我终生难忘的事情。学校对面的街头上站着个清扫烟囱的人。他的一只手臂靠在墙上，额头紧贴手臂，浑身全是烟灰。他个子瘦小，肩背挎包，带着刮刀，一会儿号啕大哭，一会儿低声抽泣。

有三个三年级女生走上前去问他：

“你哭什么？”他并不答话，只是一个劲儿地痛哭。

“到底怎么回事？你为什么要哭？请告诉我们！”女生又问。他松开手臂。噫，原来是个小孩子！一张幼嫩的脸蛋上透着天真的稚气。他哭着对她们说，他给几家人清扫烟囱挣了三十个铜币，但不知什么时候丢掉了，是从一个衣袋的裂口漏掉的。他边说边指着裂口给她们看。没有钱，他是不敢回去见主人的。

“我空手回去主人是要打我的。”他哭着说，又用手臂遮起脸，一副绝望的样子。

女孩们神情严肃地望着他。这时候，又有几个大女孩围拢过来，她们之中有穷苦的女孩也有富裕的女孩。一个帽子上饰着蓝羽毛的女孩从衣袋里掏出两枚铜币对他说：

“你别着急，我给你两个铜币，我们搞个小小的募捐就凑够了！”

“我也有两个铜币。不用担心，我们一定能给你凑够三十个！”另一个穿红衣服的女孩说。

她们又喊另外一些女孩的名字：“阿玛丽娅，路易吉娅，阿尼娜，每人拿出一个铜币。”

“谁还有铜币？”有人问。

“喏，我还有几个铜币。”有人回答。许多女孩的钱本来是要买花和作业本的，这次就派上用场了。一些小的女孩也主动拿出零花钱。帽子上饰着蓝羽毛的大女孩把所有的钱都收集在一起，大声数着：“八个，十个，十五个。”啊，还是不够，于是，有一个像老师模样的大女孩走过来，拿出半个里拉（当时意大利的货币单位，半个里拉相当于十个铜币），大家纷纷向她道谢。现在只差五个铜币。

“五年级的学生来了。”一个女孩说。一会儿工夫，五年级的学生到了，接着，钱币冰雹似的倾泻下来，人群依然潮水般地向这边涌来。这个可怜的清扫烟囱的孩子站在穿着五光十色的服装的女孩中间，被饰着羽毛、缎带，鬈发披肩的多彩多姿的人群簇拥着……眼前这热闹的场面真是好看极了。

三十个铜币早已绰绰有余，可钱币还是源源不断地抛过来。那些没有带钱的小女孩也想送点儿什么，便挤过大女孩，把朵朵鲜花送给他。这时候，谁也没有想到女看门人突然冲着她们来了。她大声说：

“校长快来了。”

女孩们惊慌失措，麻雀似的四散而逃。唯有清扫烟囱的小男孩站在街头中间，高高兴兴地擦干眼泪，手里攥着满满一把钱。他上衣的纽扣孔中、衣袋里和帽子上插得满是鲜花，连他的脚边也散落着鲜花。

（王干卿　译）

在阅读感兴趣的故事时，我们要记得关注人物的动作、语言、神态，体会人物的心情。

有些故事可以略读，了解故事的大意就行；有些故事可以精读，仔细想想事情的起因、经过、结果，了解作者是怎样把事情写清楚的。

活动一　制订阅读计划表

篇名	阅读时间	阅读感受	完成情况

活动二　给亚米契斯先生写信

如果让你给本书的作者亚米契斯写一封信，表达你的阅读感受，你想写点什么呢？请写在下面的信纸上吧！

尊敬的亚米契斯先生：

您好！

我刚读完您写的《爱的教育》，我最喜欢的人物是__________，因为____。

这本书中，我最喜欢的故事是____________________。

谢谢您，因为____。

您忠实的小读者：________

____月____日

活动三　做个小记者

从《爱的教育》中选择一个情节或事件，以新闻报道的形式写出来。你的读者可能想知道：什么时候、谁、在哪儿、发生了什么事，以及这件事是怎么发生的。可以在空白的方格里画一幅画或粘贴一张相关的图片来辅助说明。

标题：

图片

敬　启

为编好这本书，我们与收入本书的作品（含图片）作者进行了广泛联系，得到了各位作者的大力支持。在此，我们表示衷心的感谢。但是，由于个别作者地址不详，虽经多方努力，仍无法取得联系。敬请各位有著作权的作者尽快与我们联系，以便我们支付稿酬，并致谢忱！

我们还要感谢使用本书的师生们。希望你们在使用本书的过程中，能够及时把意见和建议反馈给我们，对此，我们深表谢意，并将给予一定奖励。让我们携起手来，共同完成本书的建设工作。

联 系 人：梁老师　张老师

联系电话：010-58022100

联系邮箱：ztxx2008@sina.com

网　　址：http://www.ywztxx.com

地　　址：北京市海淀区知春路7号致真大厦A座18层

图书在版编目（CIP）数据

慧眼观天下 / 孙传文主编. — 上海 : 上海教育出版社, 2021.6

ISBN 978-7-5720-0809-2

Ⅰ. ①慧… Ⅱ. ①孙… Ⅲ. ①阅读课—小学—教学参考资料 Ⅳ. ①G624.233

中国版本图书馆CIP数据核字（2021）第142041号

责任编辑　李光卫
封面设计　陈丽娟　王艺霖
著作权人　北京华樾教育科技有限公司

慧眼观天下

孙传文　主编

出版发行　上海教育出版社有限公司
官　　网　www.seph.com.cn
地　　址　上海市永福路 123 号
邮　　编　200031
印　　刷　山东新华印务有限公司
开　　本　720 × 1010　1/16　印张 36
字　　数　400千字
版　　次　2021年8月第1版
印　　次　2021年8月第1次印刷
书　　号　ISBN 978-7-5720-0809-2/G · 0625
定　　价　168.00元

如发现质量问题，请向本社调换　　电话 021-64377165

★ 适合9至10岁 ★

慧眼观天下

HUIYAN GUAN TIANXIA

主 编 孙传文

学习语文，不能只读语文课本，还必须广泛阅读。

广泛阅读，可以提高阅读理解力；

广泛阅读，可以丰富知识，开阔视野；

广泛阅读，可以提升思维力、鉴赏力；

广泛阅读，可以促进人的精神成长。

新编的“语文主题学习”读本，包括古诗文经典诵读、优秀作品专题阅读和整本书阅读，是落实课内外阅读一体化的优质资源。

捧起这套读本读起来，你会越来越享受阅读，你的一生一定会因为阅读而精彩！

崔峦

用阅读滋养你们心灵，
让你变得聪明善良，朝气，
宽广，更富想象力和创造力。

谈凤霞

发现美，学会爱，表达自己，
在阅读和写作中不断进步！

王一梅

阅读是开启美好人生的钥匙

赵丽宏

庚子九月

为自己读书
为美好读书

肖复兴

庚子岁末

读经典的书
做优秀的人

陈晖

幻想，从现实起飞

刘兴诗

目录

经典诵读

专题阅读一

范文阅读

组文阅读

自由阅读

专题阅读二

范文阅读

组文阅读

自由阅读

专题阅读三

整本书阅读

经典诵读

“千古江山，英雄无觅孙仲谋处……金戈铁马，气吞万里如虎。”这种豪迈的气魄洋溢在诗文中，充塞于天地间，激荡在每个中国人的胸膛里。

阅读本组古诗文，建议同学们先读准字音，读好停顿；再借助注释和译文，大体了解诗文的意思；最后，通过朗读把诗文蕴含的感情表达出来，并熟读成诵。

1 题乌江亭[①]

［唐］杜牧

胜败兵家事不期[②]，
包羞忍耻是男儿。[③]
江东[④]子弟多才俊，
卷土重来未可知。

注释

① 乌江亭：在今安徽省和县东北的乌江镇。楚汉相争，项羽兵败垓下，自刎于此。
② 不期：不能预料。
③ “包羞”句：能够忍辱负重的才算得上是男子汉。
④ 江东：长江南岸苏州一带地区。项羽跟从他的叔父项梁是在这一带起兵的。

胜败本来是统兵打仗者难以预料的事情，失败时能够忍辱含羞以图再起才是真正的英雄。江东的儿女大多数有才有识，卷土重来再与刘邦决一死战也未必就不能取胜。

2 扬子江[①]

［宋］文天祥

几日随风北海[②]游，

回从[③]扬子大江头。

臣心一片磁针石[④]，

不指南方[⑤]不肯休。

注释

① 扬子江：长江在南京一带被称为扬子江。

② 北海：指长江以北的海域。

③ 回从：曲意顺从。

④ 磁针石：指南针，用来比喻忠于宋朝的一片丹心。诗人表明自己一定要战胜重重困难，回到南方，再兴义师，重整山河的决心。

⑤ 南方：这里指南宋王朝。

我自镇江逃脱，绕道北行，在海上漂流数日，费尽千辛万苦回到扬子江头。我的心就像那一根磁针，不指向南方誓不罢休。

扫码收听朗诵音频

③ 塞上曲二首[①]（其二）

［唐］戴叔伦

汉家旌（jīng）帜[②]满阴山[③]，
不遣[④]胡儿[⑤]匹马还。
愿得此身长报国，
何须生入[⑥]玉门关？

注释

① 塞上曲：古代的一种军歌。这是一首借汉喻唐的诗，表现了边疆战士奋勇杀敌、誓死保卫国家的英雄气概。
② 旌帜：军旗。
③ 阴山：即今内蒙古河套西北之阴山山脉，横亘于内蒙古自治区中部。
④ 遣：放。
⑤ 胡儿：指南侵的匈奴军队。
⑥ 生入：活着归来。

译文

唐朝军队的旌旗布满了阴山，不放匈奴的一人一马逃回去。希望我能长久地报效国家，即使不能活着回到玉门关内，也在所不惜。

扫码收听朗诵音频

4 就义诗

[明] 杨继盛

浩气①还②太虚③，

丹心④照千古。

生平⑤未报国，

留作忠魂补。

注释

① 浩气：浩然正气，正大刚直的精神。
② 还：这里是回归的意思。
③ 太虚：广漠无垠的太空。
④ 丹心：红心，忠诚的心。
⑤ 生平：一辈子，一生。

把浩然正气归还给太空，留下一颗耿耿丹心照耀千古。这一生还未来得及报效国家，死后要留下忠魂来弥补。

⑤ 曹冲称象

［晋］陈寿

（曹冲）生五六岁，智意①所及②，有若成人之智。时孙权曾致③巨象，太祖欲知其斤重，访④之群下，咸⑤莫能出其理⑥。冲曰：**“置象大船之上，而刻其水痕所至，称物以载之，则校⑦可知矣。”**太祖大悦，即施行焉。

注释

① 智意：知识和判断能力。
② 及：达到。
③ 致：献纳，送给。
④ 访：询问。
⑤ 咸：全，都。
⑥ 理：办法，道理。
⑦ 校：计数，计量。

曹冲到五六岁的时候，知识和判断能力所达到的程度，可以比得上成人了。有一天，孙权送来一头巨象，曹操想要知道这象的重量，询问他手下的群臣，大家都想不出称象的办法。曹冲说：“把象安放到大船上，在船边水迹印所到的地方刻上记号，（然后）再称东西放到船上，计算一下，就能知道结果了。”曹操听了很高兴，马上照这个办法做了。

扫码收听朗诵音频

⑥ 孟子（节选）

孟子曰：“舜发于畎(quǎn)亩[①]之中，傅说(yuè)[②]举于版筑[③]之间，胶鬲(gé)[④]举于鱼盐之中，管夷吾举于士，[⑤]孙叔敖[⑥]举于海，百里奚举于市。[⑦]**故天将降大任于是人也，必先苦其心志，劳其筋骨，饿其体肤，空乏其身，行拂乱其所为，所以动心忍性，曾[⑧]益其所不能。**”

注释

① 畎亩：田间，田地。

② 傅说：殷武丁时人，在傅岩（地名）为人筑墙，后被武丁发现，举用为相。

③ 版筑：古人筑墙时，在两块夹板中间放土，用杵将之捣实。

④ 胶鬲：殷纣王时人，曾以贩卖鱼、盐为生，周文王把他举荐给纣，后辅佐周武王。

⑤ 管夷吾举于士：管仲（字夷吾）原是齐国公子纠的家臣，纠与公子小白（即后来的齐桓公）争夺君位失败，管仲作为罪人被押回齐国，后经鲍叔牙推荐，被齐桓公任用为相。士，狱官。举于士，从狱官手中释放出来，进而得到任用。

⑥ 孙叔敖：是春秋时楚国的隐士，隐居海边，被楚庄王发现后任为令尹（相当于宰相）。

⑦ 百里奚举于市：百里奚是春秋时的贤人，流落在楚国，秦穆公用五张羊皮的价格把他买回，任为大夫。市，集市。

⑧ 曾：同“增”。

孟子说："舜从田野耕作之中被任用，傅说从筑墙的工匠中被选拔，胶鬲从贩卖鱼盐的工作中被推举，管仲被提拔于狱官手中，孙叔敖从海边被举荐，百里奚从市井中被选拔。所以，上天将要把重大使命分配到某人身上时，一定要先使他的意志受到磨炼，使他的筋骨受到劳累，使他的身体忍饥挨饿，使他备受穷困之苦，使他做事总是不顺利，（通过这些）来激励他的心志，使他的性情坚忍，增长他的才干。"

阅读链接

孟子（约前372—前289），战国时期思想家、政治家、教育家，儒家学派的代表人物之一，宣扬"仁政"，提出"民贵君轻"说，阐述了儒家重民思想，被尊称为"亚圣"。《孟子》，儒家经典之一，由孟子及其弟子共同编写完成，记载了孟子及其弟子的政治、教育、哲学、伦理等思想观点和政治活动。

民族之魂

“人不可有傲气，但不可无傲骨。”几千年来，祖国这片大好河山孕育出了无数有气节的人，他们是中华民族的脊梁。

阅读本专题的文章，需要你用简洁的话语概括事件，然后将多个事件联结起来思考，这样才会对那些历史人物了解得更全面、更具体。

范文阅读

① 塞上听吹笛

［唐］高适

胡天北地，冰雪消融，是牧马的时节。傍晚战士们赶着马群归来，天空洒下明月的清辉……开篇就营造出边塞诗中不多见的和平宁谧的氛围。

雪净[①]胡天牧马还[②]，
月明羌笛戍楼间。
借问梅花何处落，
风吹一夜满关山。

注释

① 雪净：冰雪消融。
② 牧马还：战士们赶着马群回来。

塞外西北，冰雪消融，战士们牧马归来，天空布满明月的清辉，悠悠的羌笛声萦绕在戍楼之间。借问何处吹奏起那曲《梅花落》？风吹着这笛曲，一夜之间声满关山。

② 出塞二首[1]（其二）

［唐］王昌龄

骝(liú)马[2]新[3]跨白玉鞍，
战罢沙场[4]月色寒。
城头铁鼓声犹振[5]，
匣里金刀血未干。

你从诗句中感受到了什么？

注释

① 一说此诗是李白所作。
② 骝马：黑鬃黑尾的红马，骏马的一种。
③ 新：刚刚。
④ 沙场：指战场。
⑤ 振：响。

将军刚跨上配了白玉鞍的宝马出战，战斗结束后战场上投下了寒冷的月光。城头上的战鼓还在旷野里震荡回响，将军刀匣里宝刀上的血迹仍然没干。

③ 大风歌[①]

［汉］刘邦

刘邦描绘了风起云涌、波澜壮阔的画面，从这个画面中，你感受到了他怎样的情感？

大风起兮[②]云飞扬，
威[③]加[④]海内兮归故乡，
安得猛士兮守四方！

注释

① 大风歌：汉高祖刘邦（前256—前195）在击败叛军以后，回长安途经故乡沛县时，邀集父老乡亲饮酒。酒酣，刘邦击筑（一种打击乐器）高歌，唱了这首《大风歌》，表达了他志在实现天下统一的豪情壮志。

② 兮：语气词，相当于现代汉语中的“啊”。

③ 威：威望，权威。

④ 加：施加。

大风刮起来啊，云随着风飞扬，
威武平天下啊，衣锦归故乡，
怎样才能得到勇士啊为国家镇守四方！

④ 国耻恨难消

牟文正

1928年3月，武汉市上空彤云密布，阴风凄(qī)凄。在国民党反动派的刑场上，共产党员夏明翰大义凛(lǐn)然，慷慨赋诗："砍头不要紧，只要主义真。杀了夏明翰，还有后来人。"

"一切景语皆情语"，这句环境描写带给你怎样的感受？

夏明翰，1900年生于湖北秭归。他少年时代就疾恶如仇，立志报国。有一次，明翰跟着母亲从武汉乘船到九江。船上，耀武扬威的洋人动不动就对中国乘客强行非礼。有个乘客因为没把行李放到床铺底下，洋人便气势汹汹地破口大骂，并一脚把行李踢出去老远。

"这是咱们中国的土地，怎么能容忍洋人横行霸道！"明翰攥起小拳头，愤愤地望着母亲清癯(qú)的面孔。

母亲的心情又何尝不是这样呢！她鄙夷地瞥了身旁的洋人一眼，当即吟诵了一首抒发忧国之情的诗歌。吟完，又对明翰说：“怒气憋在肚子里会生病的，你也来作一首吧！”

明翰伏在船栏杆上，默默地眺望着，沉思着。此时，滚滚的长江上，一幕悲剧正在发生：一艘横冲直撞的外国轮船撞碎了中国渔民的小木船，负伤落水的渔民发出了凄厉的喊声……

你能用简洁的话语概括出第2~6自然段讲了一件什么事吗？

明翰触景感怀，一首充满仇恨的小诗脱口而出：“洋船水上漂，洋旗空中飘。洋人逞(chěng)淫(yín)威……”第四句还没说出来，母亲已经接上了：“国耻恨难消。”

后来，夏明翰把这首诗工整地抄在了本子上，一直保存到就义前。

⑤ 永远追随

徐　鲁

钱学森是位胸怀大志的科学家。

早在中学时代，他就开始悄悄地寻找和阅读一些进步书刊，接受了共产主义的先进思想，心中有着科学救国的梦想。

中学时期的钱学森就在心中埋下了科学救国的种子。

在交通大学读书时，他的同学好友中有几位已经成为中共地下组织成员，钱学森很是钦慕，他自己也参加了共产党的外围组织。

1955年9月，在他从美国返回祖国途中，曾有一位记者问他："钱先生，你到底是不是一位共产党员？"

这位记者听说，钱学森之所以遭到了美国政府的软禁，有一个"理由"就是怀疑钱学森是共产党员。

对此，钱学森回答说："共产党员是

从钱学森的回答中，你感受到了什么？把你的想法批注在旁边吧。

无产阶级的先进分子，我还没有资格当一名共产党员呢！”

1958年，钱学森第一次向中国科学院党组织提出申请，请求加入中国共产党。

他找中国科学院党组书记张劲夫谈心说，他在美国学习、生活了二十年，时刻都在准备返回祖国，为国家效力，所以，在美国连一美元的保险也不买。

回国后，他亲眼看到了新中国在共产党的领导下，日新月异地发生着变化，人民过上了有尊严的、幸福的生活。所以，他非常希望自己能够成为一名真正的共产党人，永远追随伟大的党，把自己的一切全部献给新中国的国防建设事业，献给祖国母亲。

同年4月19日，钱学森向力学研究所党支部递交了一份长达八页的“交心”材料，抒发了自己对党的真挚感情，表达了自己渴望加入党组织的崇高理想。

9月24日，钱学森向党组织正式递交

了入党申请书。

1959年1月5日，伴随着新年的到来，钱学森也迎来了自己生命中最难忘的一个神圣时刻：中国科学院党委通知他所在的力学研究所党总支，钱学森“已被接收为中国共产党预备党员，预备期一年，自1958年10月16日至1959年10月16日”。

试着用自己的话来说说钱学森入党的故事吧。

1959年11月12日，党支部通过钱学森转正。从此，这位世界著名的科学家，成了一名正式的中国共产党党员。

光荣入党，是他人生道路上的一块醒目的里程碑。

在正式成为中国共产党党员的那个夜晚，钱学森激动得整夜未眠，想到了很多很多事情。

他想到了自己在中学时代，坐在校园的草地上，高声诵读过的马克思的那段名言：

“如果我们选择了最能为人类而工作的职业，那么，重担就不能把我们压倒，因为这是为大家作出的牺牲；那时我们所享受的就不是可怜的、有限的、自私的乐趣，我们的幸福将属于千百万人，我们的事业将悄然无声地存在下去，但是它会永远发挥作用，而面对我们的骨灰，高尚的人们将洒下热泪。”

此刻，这段话又在他的心中回响着，激荡着他胸中崇高澎湃的激情。

是啊！“如果我们选择了最能为人类福利而劳动的职业，那么，重担就不能把我们压倒，因为这是为大家而献身……”

那天夜里，夜色很深了，可他一点儿睡意也没有。

他站起身来，轻轻拉开窗帘，看见外面不知什么时候已在开始落雪了。

“真是一场好雪呀！瑞雪兆丰年……”

透过这句话，你能感受到钱学森此刻的心情吗？请你带着自己的理解读出他的希望和憧憬。

他喃喃自语，搓着双手，在灯光下徘徊，觉得身上好像涌起无限的力量。

6 梅兰芳的一席谈[①]（节选）

柯 灵

读文章，想一想：作者与梅兰芳都谈了些什么事情呢？

祖国抗战期间，梅兰芳先生杜门谢客，一直沉默。

“现在我们可以痛快地谈一谈，吐一口气了。”在日本宣布无条件投降后不久，我拜访梅先生的那一天，是一个使人轻松愉快的好天气。听着我的话，他笑了，谦抑而从容，显然是充满了衷心的喜悦。

“现在好了，我们胜利了，”他说，“我憋了这么多年，您想想，这是多久的时间！这一仗简直把人都打老了，我今年已经五十二岁了！”

他说得那么动人，声音里洋溢着情感。说着用手一比，有意无意地摸了摸

① 选入本书时略有删改。

下颔(hé)。为他的话所吸引，我不觉迎面向着他。老吗？我看不出来。他依然潇洒，精神健旺，态度宁静，看不出有什么衰老的影子。头发梳得很光，穿着洁白的衬衫，整齐大方，恰如我们从画报上所习见的他的相片一样，留了几年的胡子是剃去了。

梅兰芳为什么留了几年胡子？现在为什么剃去了呢？

大家关心他这些年来的生活，自然有许多人以为他过得十分舒适。提到这一点，他苦笑了一下。“我这几年不唱戏，有些人也许以为我有钱，可以不唱戏了，谁知道我怎么过来着！您知道，唱戏挣得多，可是开销大，不瞒您说，这些年也就是靠卖点东西来对付着。”他略略停顿，用手指着他的屋子，“这屋子虽然住了这些年，原来也就是临时的性质，就是这些家具，也全是凑合着随时买下的。”

这是一间小客厅，陈设素朴而雅致，壁间字画极多，书架上是满满的书册。梅先生接着说下去：

“这么多年不唱戏，这对我实在是一种很大的牺牲。”

我说，这很值得。艺术家有他的尊严，梅先生的牺牲无疑替中国人争了光，替戏剧界争了很大的面子，值得我们用庄严的笔墨来记述的。可是现在应该出山了，我告诉他，有多少人正在等他演戏的消息；我问他是不是就有登台的意思。

梅兰芳为了维护艺术家的尊严，做了哪些牺牲呢？

“要的。”梅爽朗地说，又重复了一句，“我要唱的。前几天费穆先生来，他也跟我说：‘你应该出山了。演点什么，我来给你计划，咱们得计划点新的东西。’”

我高兴地说：“那好极了，几时演，决定了吗？”

“还没有。”他微笑着，“跟我接洽的人很多，可是我得好好计划一下。我一定唱的，哪怕是一次也得唱，要不然，我这么多年的咬牙，就没有意思了。单为我们祖国的胜利，我也得露一露。就是一点，非得有点意义的戏我才唱，希望您也能帮助我计划计划。（他神情极兴奋，说到这儿，安详地笑了。）荒疏了这许多年，我还不知道能唱不能唱。我相信我的嗓子还可以。从前练的时候久，忘是不会忘的。可是‘拳不离手，曲不离口’，玩意儿要不练，就不行了。”

我看他极有兴趣地摆动他的双手，那是一种有韵律的谐和的动作。我说：“您这么久没有练功夫吗？好像看见什么小报上说，您还是不断地吊嗓子？”

“哪儿敢吊嗓子！”他急切地分辩，“这儿四邻住着这么些人家，我要一吊嗓子，还得了！人准要说，梅兰芳在吊嗓子了，他就要唱戏了。我这几年尽告诉人，说我的嗓子坏了，不能再唱了。”

接着梅讲到他几年来苦心孤诣（yì）躲避骚扰的情形。

“苦心孤诣”在此处表明梅兰芳为寻求解决问题的办法而煞费苦心。他是如何努力躲避骚扰的呢？

梅先生原来住在北平，那儿有一个舒适的家。“九一八”事件发生了，东北变了色，北平暴露在敌人面前了，他有了被“请”到关外去献艺的危险，于是他开始南迁。直到上海沦为“孤岛”，他觉得上海待不住，又逃到香港去。可是没有举家南渡的力量，所以他是一个人去的。炮火好像一直跟着他，香港终于也打起来了。

“那时候，我住在山上，干德道的一家公寓里。”他说，“好家伙，那一次真危险！日本兵舰上的炮直往山上打，空中响着炮弹飞过的声音，尖得怕人，大家只好躲在公寓里等死。不久仗打完了，危险过去了。——可是，真正的危险来了。”他松了口气，深意地笑起来。

文中“真正的危险”指的是什么？

“危险”真的来了。他深居简出，隐匿(nì)在公寓里，预备有机会投向祖国的怀抱。可是不行，日本人终于发现了他。有一天，公寓里来了一群日本兵，先查户籍表，然后指名要梅，他只好挺身出去。

一个军曹好奇地打量着他：“你就是梅兰芳？”他点点头。梅先生告诉我：“那时候我衣冠不整，胡子留得很长。说起来有趣，我的胡子不容易长，一留长了，不加修理，可又拉拉杂杂的像个病人。那军曹问我住在香港干什么，我说是为了养病，所以家眷全没来，就我一个人，寄住在朋友家里。他又问东问西，我只好对他客气，敬烟敬茶地敷衍（fū yǎn）了一阵，他才没有话说了。临走时他笑笑，说：‘我看过你的戏，那时候我还是小孩子呢。’您知道二十年前我到日本演过戏，那军曹不过三十几岁，不怪他说看我戏的时候还是小孩子。”

此处的“衣冠不整”与前文的“整齐大方”形成鲜明的对比，更突显了梅兰芳的民族气节，令人肃然起敬。

这以后不断地有日本兵去麻烦他，也还是问东问西，他们似乎都是震于梅的大名，抱着“长长见识”的目的而来的。梅先生有一句话说得极有意思：“香港到底是小地方，幸而没有我们那些当汉奸的‘同胞’在背后替日本人出主意，总算是我的运气。”

⑦ 吴玉章奋勇挂国旗

我国的老一辈革命家吴玉章，从小就有着强烈的民族自尊心。他喜爱读岳飞和文天祥等爱国英雄的故事。看到祖国遭受列强侵略，他万分痛苦，决心救国，为振兴中华做出贡献。

青年时，吴玉章留学日本。由于他所在学校的学生来自世界各个国家，因此每逢元旦，学校就会把世界各国的国旗挂出来庆祝节日。

1904年元旦的这一天，吴玉章和同学们准备高高兴兴地庆祝一下，可是来到校园里一看，飘扬的各国国旗中唯独没有中国的国旗。吴玉章气愤极了，带着中国学生找到校方负责人，提出抗议："你们为什么不挂中国国旗？我们在这里上学，却没有我们的国旗飘扬，这怎能

吴玉章此时是怎样的心情？你能带着这样的心情读好这段抗议内容吗？

算是庆祝元旦呢？我们要求校方道歉，并马上纠正错误，挂上我们国家的国旗。”

校方的主任一下子认出了吴玉章，不满地说：“平日里我们对你那么好，知道你来自中国，家里经济困难，从来不催你交学费，而且还发给你一些零用钱。没想到，你现在竟然因为这种小事来找学校的麻烦，带头反对学校！”

吴玉章宁可失去求学机会，也誓死力争悬挂中国的国旗，维护国家的尊严。

吴玉章神情严肃地说：“学校对我好，我当然十分感激。但是，挂国旗绝对不是小事，这是关系到国家荣辱的大事。我宁可失去求学的机会，也不能坐视中国的尊严受到侵犯。我会为此誓死力争！”校方迫于压力，只好承认了错误，悬挂上了中国的国旗。

1914年元旦的这一天，吴玉章出国，正好乘坐日本的轮船。船上挂起了各个国家的国旗，喜气洋洋地庆贺元旦，但仍然没有挂中国的国旗。吴玉章记起十年前的那件事，痛心万分：“我是中国人，难道能眼看祖国的尊严受到伤害却视而不见吗?”想到这里，他毫不犹豫地招呼船上的中国同胞向船长提出了抗议。船长却说:“这么多年了，我们一直是这样呀!”“不对，中国绝不会永远这样的。今天你必须把中国的国旗挂起来!”吴玉章大声抗议。船长看到吴玉章义正词严，见中国人如此爱国，又这样齐心，只能赔礼道歉，挂上了中国的国旗。

（宋岩　改写）

本文一共讲了几件事？请用简洁的语言概括一下。

⑧ 桂林山水歌（节选）

贺敬之

云中的神啊，雾中的仙，
神姿仙态桂林的山！

情一样深啊，梦一样美，
如情似梦漓江的水！

水几重啊，山几重？
水绕山环桂林城……

是山城啊，是水城？
都在青山绿水中……

啊！此山此水入胸怀，
此时此身何处来？

开篇四句生动地描绘出了桂林山水的朦胧之美，把读者引入了一种心驰神往的美景。

……黄河的浪涛塞外的风，
此来关山千万重。

马鞍上梦见沙盘上画：
“桂林山水甲天下”……

啊！是梦境啊，是仙境？
此时身在独秀峰！

心是醉啊，还是醒？
水迎山接入画屏！

画中画——漓江照我身千影，
歌中歌——山山应我响回声……

招手相问老人山，
云罩江山几万年？

——伏波山下还珠洞，
室珠久等叩门声……

鸡笼山一唱屏风开，
绿水白帆红旗来！

大地的愁容春雨洗，
请看穿山明镜里——

啊！桂林的山来漓江的水——
祖国的笑容这样美！

在战士的心中，桂林山水就是祖国的身影。

桂林山水入胸襟，
此景此情战士的心——

是诗情啊，是爱情？
都在漓江春水中！

三花酒兑一滴漓江水，

祖国啊，对你的爱情百年醉……

阅读这首诗，用心体会诗人想要表达的情感。

阅读链接

独秀峰位于广西桂林市中心原靖江王城内，孤峰突起，陡峭高峻，气势雄伟，素有“南天一柱”之称。南朝宋诗人颜延之曾写下“未若独秀者，峨峨郛邑间”的佳句，独秀峰因此得名。

9 长城（二首）

臧克家

一

在诗人心目中，长城是一个什么样的形象？

你是一条万里宝带，
束在中华大地的腰肢，
猛然你把身子竖立，
成为巍巍登天的天梯！

你把一个又一个山头，
紧紧地连结在一起；
你是鼓舞奋发的宏图，
装在亿万人民的心里。

二

你是一个雄心的外延，
你是辉煌历史的见证，

人的创造力胜过鬼斧神工，
试问，人间何事是不可能？

你威严而崇高的形象，
使仰望的人们感到压力；
在航天人员俯视的眼中，
你像一条掣不断的柔丝。

山岩是你躯体的骨骼，
雄关是你炯炯的双眼，
你用身子作一道屏障，
阻住北边吹来的风寒。

你是世界文化的曙光，
你是中华民族智力的结晶，
长城，一个伟大神奇的存在，
一个万古不朽的精灵！

一九八四年六月

这首诗表达了诗人对长城的赞美和对建造长城的伟大民族的热情讴歌。

组文阅读

怀着对祖国的深切热爱，勤劳智慧的中华儿女共同守卫着辽阔的疆域，创造了辉煌灿烂的文化，让祖国巍然屹立在世界的东方。

阅读本组文章时，需要你关注文中主要人物和事件，同时练习把多个事件连起来，用简练的话语概括文章的主要内容。

① 我所钦佩的叶圣陶先生

冰　心

叶圣陶老先生是我在同时代的文艺界中，所最钦佩的一位前辈。

我第一次读到叶老的作品，是在二十年代初期，在我母亲订阅的《东方杂志》上的《地动》和《小蚬(xiǎn)的回家》，都是描写儿童的短篇小说。他写得那样自然活泼，对于儿童心理体会得那样细致入微，使我很受感动。此后，凡在报纸杂志上有“圣陶”署名的文章，我都尽先阅读。我觉得这位作者，是个热爱儿童、深切同情劳动人民的“不失其赤子之心”的“大人”！

二十年代后期，我又从顾颉(jié)刚先生那里借到了一本《倪(ní)焕之》。这是一本热情澎湃的书，说的是一位从事教育的有理想的青年，但在那大变动的年代里，他的努力失败了，希望破灭了，终于寄希望于未来的同自己全然两样的人。这本书引起我很大的同情和共鸣。顾颉刚先生因而对我说道：圣陶这些年来，又当教师，又当编辑，还从事给小学生编写教材的工作，他为教育和文学事业，不知付出了多少心血！郑振铎(duó)先生也对我讲：圣陶也是我们文学研究会发起人之一。他在当编辑时还不倦地奖掖(yè)青年，丁玲和巴金的处女作，都是经他的手在《小说月报》上发表的。关于这件事，丁玲和巴金自己也对我说过。但是，在解放前，我一直住在北京，对这位心仪已久的前辈，始终没有得到见面的机会。

我有幸见到叶老，是在解放后我从日本回到北京，在文艺界的集会上，常常会见到他。虽然因为人多没有长谈，但是他给我的印象，是谦和慈蔼、淳朴热情，读了他的作品后，我觉得真可以说是文如其人，他恰恰就是我想象中的叶圣陶先生。

此后，又因为叶老和我都是民主促进会的会员，会面谈话的时候就比较多了。在民进代表大会上，我还常听到叶老给我们讲教育或语文教学等等问题，他须眉皓(hào)白，声音洪亮，一股纯正诚恳之气，扑人而来。这里，使我想到去年十一月二十六日，叶老在《人民日报》上发表的那篇《我呼吁》，读之真是如闻其声，如见其人！他为着我们千家万户所面临的“片面追求高考升学率造成的不良影响”，他呼吁我们要赶快解救在高考重压之下的中学生。他提醒我们，“爱护后代就是爱护祖国的未来”。

叶老在教育和文学事业上的巨大贡献，他的老朋友们能谈得比我更多更深。我和叶老相见较晚，但只就这短短的几年中，他给我树立了榜样。他的几十年如一日地爱护孩子、爱护祖国未来的精神，我要努力向他学习！

一九八二年二月九日

②梅兰芳同志千古

老　舍

我们正在大兴安岭上游览访问，忽然听到梅兰芳同志病逝的消息。我们都黯(àn)然者久之，热泪欲坠！我们之中，有的是梅大师的朋友，有的只看过他的表演，伤心却是一致的。谁都知道这是全国戏曲界的一个重大损失！

我有许多话要说，但是心中悲痛，无法安排好我的话语。我只好想到什么就说什么。在这心酸意乱的时刻，我已控制不住自己的感情，无法有条有理地讲话！

我与梅大师一同出国访问过两次，一次到朝鲜，一次到苏联。在行旅中，我们行则同车，宿则同室。在同车时，他总是把下铺让给我，他睡上铺。他知道我的腰腿有病。同时，他虽年过花甲，但因幼功结实，仍矫健如青年人。看到他上去下来，那么轻便敏捷，我常常对友人们说：“大师一定长寿，活到百龄是很可能的！”是呀，噩(è)耗乍来，我许久不能信以为真！

不论是在车上，还是在旅舍中，他总是早起早睡，劳逸结合。起来，他便收拾车厢或房间：不仅把被子叠得整整齐齐，而且不许被单上有一些皱纹。收拾完自己的，他还过来帮助我，他不许桌上有一点烟灰，衣上有一点尘土。他的手不会闲着。他在行旅中，正如在舞台上，都一丝不苟地处理一切。他到哪里，哪里就得清清爽爽，有条有理，开辟个生活纪律发着光彩的境地。

在闲谈的时候，他知道的便原原本本地告诉我；他不知道的就又追问到底。他诲人不倦，又肯广问求知。他不叫已有的成就限制住明日的发展。这就难怪，他在中年已名播全世，而在晚年还有新的贡献。他的确是活到老、学到老的人。

每逢他有演出任务的时候，在登台前好几小时就去静坐或静卧不语。我赶紧躲开他。他要演的也许是《醉酒》，也许是《别姬》。这些戏，他已演过不知多少次了。可是，他仍然要用半天的时间去准备。不，不仅准备，他还思索在哪一个身段，或某一句的行腔上，有所改进。艺术的锤炼是没有休止的！

他很早就到后台去，检查一切。记得有一次，他演《醉酒》，几个宫娥是现由文工团调来的。他就耐心地给她们讲解一切，并帮助她们化装。他发现有一位宫娥，面部的化装很好，而耳后略欠明洁，他马上代她重新敷粉。他不许舞台上有任何敷衍的地方、任何对不起观众的地方。舞台是一幅图画、一首诗，必须一笔不苟！

在我这次离京以前，他告诉我：将到西北去演戏，十分高兴。他热爱祖国，要走遍各省，叫全国人民看见他，听到他，并向各种地方戏学习。他总是这样热情地愿献出自己的劳动，同时吸收别人的长处。五十多年的舞台生活，他给我们创造了多少新的东西啊！这些创造正是他随时随地学习，力除偏见与自满的结果。

他不仅是京剧界的一代宗师，继往开来，风格独创，他的勤学苦练、自强不息的精神，他的爱国爱党，为民族争光的热情，也是我们一般人都应学习的！

在朝鲜时，我们饭后散步，听见一间小屋里有琴声与笑语，我们便走了进去。一位志愿军的炊事员正在拉胡琴，几位战士在休息谈笑。他就劳烦炊事员同志操琴，唱了一段。唱罢，我向大家介绍他，屋中忽然静寂下来。待了好一会儿，那位炊事员上前拉住他的双手，久久不放，口中连说：“梅兰芳同志！梅兰芳同志！”

这位同志想不起别的话来！

今天我在兴安岭中，大草原上，也只能南望悲呼：梅兰芳同志！梅兰芳同志！梅兰芳同志离开我们了，梅兰芳同志永垂不朽！

阅读链接

京剧被称为“国粹”，是我国第一批国家级非物质文化遗产。它是在徽戏、汉调、昆曲、秦腔以及民间的剧目、曲调、表演方法的基础上融合创新而形成的，主要表演内容是历史故事。以梅兰芳为代表的中国京剧艺术家群体，通过交流发展，使京剧产生了世界性影响。世界戏剧三大表演体系之一的京剧表演体系就是以梅兰芳的名字命名的。

③ 方志敏最后的七个月（节选）

梁 衡

方志敏是一个有思想、有能力的领袖。他领导创立了一支红军，一块跨四省边区近五十个县、一百万人口的赣(gàn)东北革命根据地，被中央称为模范根据地，并授予他红旗勋(xūn)章一枚。根据地内经济繁荣，教育免费，“隔日有肉吃”，还发行了股票。但是，由于当时中央的“左”倾错误，第五次反“围剿(jiǎo)”失败，红军厄运降临。中央红军长征前，他与粟裕率北上抗日先遣队浴血奋战。

被包围后，他本来是可以不死的。1935年1月15日，他已与参谋长粟裕带八百人冲出重围。但他说，作为领导人，我不能丢下后面的部队，便又返身回去……这样，他不幸被捕。他知必死，为免与敌啰唆，遂索一纸，写下：“革命必能取得最后胜利，我愿牺牲一切，贡献于革命。”便再不多言。敌人押他到上饶、南昌等地示众，他戴镣铐，昂首立于台上，凛然不可撼。当时一名美国记者报道：“（在场的人）个个沉默不语，这种沉默表示了对昂首挺立于高台之上的毫无畏惧神色之人的尊敬和同情。”

方志敏自1月29日被捕，到8月6日就义，在狱中共七个月。开始，他只求速死。但敌人想以高官厚禄(lù)诱降他，就将他移至优待牢房。于是他便改变主意，尽量拖延时间，做两件事：一是争取越狱；二是以笔代枪，写文章。越狱需要外应，可是他接不上关系，眼见每天都有一批批的战友被拉出去枪毙，他由孤军又变成了孤身。他只好一人背水作战，去做狱吏和高级囚犯中国民党人的工作，居然小有成功。虽不能越狱，但这些人帮他传送出了珍贵的手稿。他在狱中写了《可爱的中国》《狱中纪实》等十二篇文章、著述，共十三万六千字。我们可以算一下，他1月底被捕，先是被来回转移示众，3月中旬才相对安定下来，到8月6日就义，大约一百三十天。这期间仍要不断应付敌人的提审，要做团结动员难友的工作，做争取狱吏的工作。他无任何资料，又要防敌突然搜查。他戴着脚镣手铐，又有十多年的痔疮，流血化脓，不能平坐。平均每天要完成一千多字，这是何等的意志力！

这些手稿到他死后五年才辗(zhǎn)转送到党在重庆的机关。叶剑英含泪读罢即赋诗道：“血染东南半壁红，忍将奇迹作奇功。文山去后南朝月，又照秦淮一叶枫。”文山是文天祥的号，叶帅将他比之文天祥，实不为过。

现在我们重读他的狱中文稿，提到最多的是“死”，随时准备死，怎样死，死前再抓紧为革命做点什么。当然，和死相对应的还有“生”。为谁而活，怎样活。这是抢分夺秒，在敌人的屠刀下书写的一部生死书，一篇人生解读录。

阅读实践

阅读这三篇文章，完成下面的表格。

文章题目	主要人物	主要事件
《我所钦佩的叶圣陶先生》		
《梅兰芳同志千古》		
《方志敏最后的七个月（节选）》		

活动二

认真阅读后，从文中找出表现人物特点的语句圈画出来或写下来。思考一下：从这些语句中，你感受到这些人物有什么共同特点？在小组内交流。

人物	语句	共同特点
叶圣陶		
梅兰芳		
方志敏		

“天下兴亡，匹夫有责。”这三篇文章中的人物精神就像一盏明灯，照亮了我们的成长之路。像这样的人和事，你还知道哪些？请写下来与同学交流。

人物：

特点：

事件：

自由阅读

❶ 何所为而学习

叶圣陶

现在抛开“唯有读书高”的“读书”，从青年自身成长上说，书究竟是要读的。不过该把“读书”看作人生一部分活动，包括学习的一切过程在内。要是单就字面看，以为“读书”就是把一本一本的书读过，此外没有别的事了，那就非上当不可。上当的人实在很不少，小学生捧着《自然教科书》“米呀麦呀”，无异读国文，一年一度的远足跑到田野间，看见稻和麦依然陌生，非上当而何？

为免生误会计，说“读书”不如说“学习”好。并且，书虽然“把人类过去从奋斗中得到的经验和理论告诉后来的人”，但是书的功能并非不能被代替的；如果动物园、植物园、博物院、无线电广播、有声电影等不为玩好或营利而存在，能够供社会大众普遍享受，那时候不用说书，就是文字也将成为可识可不识的了。而参观动物园、听无线电广播、看有声电影等还是学习，与读书一样。

学习不能没有中心；换句话说，学习这个，学习那个，要明白何所为。将趋向“封建时代的权威主义和资本主义时代的个人主义”呢，还是趋向“使人类的劳动力无限发展的集体主义”？对这个问题不做决定，学习就像盲人骑瞎马。

年份是一九三二。人是被压迫的中国的人。环境是日帝国主义的枪炮对准我们的胸膛，国际帝国主义罅(xià)漏百出，各自做最后的挣扎。想到这些，何所为而学习就可以决定了。

决定了，于是读历史、地理，为这个；学物理、化学，为这个；体操，为这个；画图，为这个。知道人是终身在学习的途中的，就预备终身“为这个”而学习。

虚无主义的“无所为而为”，应该化为“时代”脚下的泥土了！

❷ 书给了我快乐和益处

冰 心

我看到一九八二年“红领巾读书奖章”活动的消息，从心底为小读者们感到幸福，你们真是生在好时代啊！

我小的时候（那是七十多年以前的事了），没有进过小学。而且那时的小学里也没有少先队的组织，更谈不上什么“读书奖章”了。但是我的确从读书上得到极大的快乐和益处，从书上得到的思想教育影响了我一生。

我从小是个独游无伴的孩子，我又住在山边海角，白天还可以出去跑跑，晚上或刮风下雨的日子，我就只好待在家里了。感谢我的母亲，她从我三岁起，就教我识字，她将这把打开“知识之宫”的钥匙交给我，我的生活就变得无比丰富。

那时候还没有专为儿童写的书，我所能得到的，只是大人书架上的那些小说。我看到的第一部书是《三国演义》。这部书引起了我对于中国历史的兴趣和对于古代英雄人物的向往。我接着又看《水浒传》《精忠说岳》和大人枕头底下藏着的“禁书”。那时正是一九一一年辛亥革命前夕，我读到邹容写的《革命军》和孙中山先生发起的同盟会的刊物，如《天讨》之类，都是抨击清朝政府腐败无能和警惕帝国主义国家瓜分中国的危险等等。读了使我悲愤激昂，使我从小就认为我们祖先传给我们的大好河山，必须牢牢保住，而且要使它富强起来。

从书中给我的这一点爱祖国的热情，又从几十年的生活经验里，使我深深体会到了“没有共产党就没有新中国”和“只有社会主义能够救中国”这两句话里所包含的颠扑不破的真理！使我为自己能生活在社会主义的祖国而感到自豪，并愿尽我所能，为社会主义祖国做出应有的贡献。

❸ 我的心是一面镜子（节选）

季羡林

1939年，第二次世界大战正式开幕。我原以为像这样杀人盈野、积血成河的人类极端残酷的大搏斗，理应震撼三界，摇动五洲，使禽兽颤抖，使人类失色。然而，我有幸身临其境，只不过听到几次法西斯头子狂嚎——这在当时的德国是司空见惯的事——好像是春梦初觉，无声无息地就走进了战争。战争初期阶段，德军的胜利使德国人如疯如狂，对我则是一个打击。他们每胜利一次，我就在夜里服安眠药一次。积之既久，失眠成病，成了折磨我几十年的终身痼(gù)疾。

最初生活并没有怎样受到影响。慢慢地，肉和黄油限量供应了，慢慢地，面包限量供应了，慢慢地，其他生活用品也限量供应了。在不知不觉中，生活的螺丝越拧越紧。等到人们明确地感觉到时，这螺丝已经拧得很紧很紧了，但是除了极个别的反法西斯的人以外，我没有听到老百姓说过一句怨言。德国法西斯头子统治有术，而德国人民也是一个十分奇特的民族，对我来说，简直像个谜。

后来战火蔓延，德国四面被封锁，供应日趋紧张。我天天挨饿，夜夜做梦，梦到中国的花生米。我幼无大志，连吃东西也不例外。有雄心壮志的人，梦到的一定是燕涎、鱼翅，哪能像我这样没出息的人只梦到花生米呢？饿得厉害的时候，我简直觉得自己是处在饿鬼地狱中，恨不能把地球都整个吞下去。

我仍然继续念书和教书。除了挨饿外，天上的轰炸最初还非常稀少。我终于写完了博士论文。此时瓦尔德施米特教授被征从军，他的前任已退休的老教授西克替他上课。他用了几十年的时间读通了吐火罗文，名扬全球。按岁数来讲，他等于我的祖父。他对我也完全是一个祖父的感情。他一定要把自己全部拿手的好戏都传给我：印度古代语法、吠陀，而且不容我提不同意见，一定要教我吐火罗文。我乘瓦尔德施米特教授休假之机，通过了口试，布朗恩口试俄文和斯拉夫文，罗德尔口试英文。考试及格后，仍在西克教授指导下学习。我们天天见面，冬天黄昏，在积雪的长街上，我搀扶着年逾八旬的异国的老师，送他回家。我忘记了战火，忘记了饥饿，我心中只有身边这个老人。

我当然怀念我的祖国，怀念我的家庭。此时邮政早已断绝。杜甫诗："烽火连三月，家书抵万金。"我却是"烽火连三年，家书抵亿金"。事实上根本收不到任何信。这大大地加强了我的失眠症，晚上吞服的药量，与日俱增，能安慰我的只有我的研究工作。此时英美的轰炸已成家常便饭，我就是在饥饿与轰炸中写成了几篇论文。大学成了女生的天下，男生都抓去当了兵。过了没有多久，男生有的回来了，但不是缺一只手，就是缺一条腿。双拐击地的声音在教室大楼中往复回荡，形成了独特的合奏。

到了此时，前线屡战屡败，法西斯头子的牛皮虽然照样厚颜无耻地吹，然而已经空洞无力，有时候牛头不对马嘴。从我们外国人眼里来看，败局已定，任何人也回天无力了。

…………

惊心动魄的世界大战，持续了六年，现在终于闭幕了。我在惊魂甫定之余，顿时想到了祖国，想到了家庭。我离开祖国已经十年了，我在内心深处感到了祖国对我这个海外游子的召唤。几经交涉，美国占领军当局答应用吉普车送我们到瑞士去。我辞别德国师友时，心里十分痛苦，特别是西克教授，我看到这位耄耋(mào dié)老人面色凄楚，双手发颤，我们都知道，这是最后一面了。我连头也不敢回，眼里流满了热泪。我的女房东对我放声大哭。她儿子在外地，丈夫已死，我这一走，房子里空空洞洞，只剩下她一个人。几年来她实际上是同我相依为命，而今以后，日子可怎样过呀！离开她时，我也是头也没有敢回，含泪登上美国吉普。我在心里套一首旧诗想成了一首诗：

留学德国已十霜，归心日夜忆旧邦。

无端越境入瑞士，客树回望成故乡。

日积月累

身临其境　司空见惯　雄心壮志

与日俱增　厚颜无耻　惊心动魄

④ “神舟”五号飞船航天员出征记（节选）

廖文根

这是一次英雄的出征。

这是中华民族历史上一次伟大的出征。

公元2003年10月15日5时，酒泉卫星发射中心航天员公寓“问天阁”。再过30分钟，中国第一位航天员杨利伟将从这里受命出征，乘坐“神舟”五号飞船，开始令世界瞩目、令国人自豪的飞天之旅。

深秋的大漠，寒意袭人。“问天阁”前的广场上，已经站满了送行的人们。曾经和航天员朝夕相处的教练、专家们来了，举着鲜艳花束的少先队员，捧着乐器的军乐队员来了，穿着鲜艳民族服装的少女来了。大家怀着无比激动的心情和一个共同的期待，为英雄送行。

这一天，中国人已渴望了很久。这一刻，中华民族已等待了千年。

“快看！我们的航天员来了……”

5时28分，身着乳白色航天服的首飞航天员杨利伟迈着从容而稳健的步伐，从“问天阁”航天员的专用通道，微笑着向大家走来，紧随他身后的是身着天蓝色训练服的航天员聂海胜和翟志刚。这时广场上奏起欢快的《迎宾曲》，人群中响起了热烈的掌声。

首飞航天员梯队由杨利伟、聂海胜和翟志刚组成。在此之前，他们按照首飞任务计划完成了综合性演练。飞船发射前，任务指挥部研究决定，首飞任务由杨利伟担任。

杨利伟，1965年6月出生于辽宁省绥(suí)中县，在原空军部队安全飞行1350小时。1998年被选拔为中国第一代航天员。经过5年多系统的理论学习和挑战人体生理极限的训练，其综合素质完全具备航天飞行的要求。

…………

“总指挥同志，我奉命执行中国首次载人航天飞行任务，准备完毕，待命出征，请指示。中国人民解放军航天员大队航天员杨利伟。”

“出发！”载人航天工程指挥部总指挥李继耐庄重地下达命令，刚劲有力的话语中蕴含着几多信任、几多期待。

“是！”

随着杨利伟标准的军礼，中国第一代航天员的夺人风采瞬间便定格在记者们的镜头里，定格在共和国的航天史册上，定格在人类征服太空的篇章中。

杨利伟激动地和翟志刚、聂海胜握手拥抱，然后不停地向欢送的人群挥手致意。

“五星红旗迎风飘扬，胜利歌声多么响亮，歌唱我们亲爱的祖国……”，伴着《歌唱祖国》的乐曲，大家挥动着手中的彩旗、气球为航天英雄送行。

5时30分，杨利伟深情地注视了一眼面前鲜艳的五星红旗，然后转身向停在旁边的专车走去。总指挥和有关领导乘车随后。车队在5辆摩托车的护送下，穿过夹道欢送的人群，向发射塔架驶去，开始中国人的飞天之旅。

❺ 您好，延安！

魏　巍

（一）

已经有54年不曾回过延安了。

啊，延安！当年来到你身边的时候，我是多么地年轻呀，也许刚刚18岁吧，我是一条多么幼弱的溪水呀！可是终于汇到你这条大川里来了，我成了这大川里的一朵小小的欢笑的浪花。延安啊，那时你真不愧是时代的熔炉，经过你的锻冶，我又随着大川流向远方，没有人知道有多远的远方。大川总是对我说：光明就在前面，冲啊，前进啊，不要停止，不要后退，要冲出一条生路来，杀出一条生路来。我听了大川的话，我也呐喊着，勇气百倍地前进着。因为小溪流汇进大川，已经同大川融为一体了，它也有了力量，有了更强大的生命了。大川奔腾着，一往无前地奔腾着，沿途的小溪流纷纷投进她的怀抱，大川也越发壮阔豪迈，涛声震撼着原野和群山。一座又一座的怪石恶岭穿过去了，那些看来无法逾越的绝路也冲过去了。已经记不清经过多少有名与无名的山水了，终于迎来了一个百花盛开、芳草如茵的绿洲。但是，这不是大川的终点，她的终点是更加美丽的阳光明媚的大海。

大川问小溪流：你还记得自己的来历吧？小溪流说：我怎么能忘记赋予我生命和力量的源泉呢！

（二）

于是，我和几个老战友——还是说几朵小浪花吧——来到了延安。

我们是经过整整一天的奔波，于黄昏时分来到延安的。我们想看看宝塔山，想看看凤凰山，想看看清凉山，想看看清清的延河水，可是它们在夜色里都过于朦胧了。我们一下子便闯进灿烂的灯火织成的海洋里。啊，延安，你确实变了！古老的城墙、古老的钟鼓楼看不见了。展现在我们眼前的，是好巍峨的高楼，好宽阔整齐的街道呀！“那时，你们在延安的时候，就想到了会有今天吗？”是的，那时我们看到凤凰山上那高一层低一层错错落落的窑洞里的灯火，就这样说：我们会有明天，美好的明天。现在，这再也不是现实的梦，而是梦化的现实。我们这些小浪花都不禁地一齐欢叫道：您好啊，母亲！您好啊，延安！

（三）

沿着延河，我们来到杨家岭、王家坪和枣园。我们来的时间真好，枣园的桃花、梨花和丁香花全开了。园里是这么地幽静、闲适，一派乡里风味。这儿曾居住过世界上最强大、最忠实、最勇敢、最富有理想也是最高尚的灵魂。我们脚步轻轻地走着，就仿佛他们仍然在工作，不愿惊扰他们。我们沿着小径一面走，一面听那位陕北姑娘如数家珍地说着他们的故事。她说，毛主席有一次发现，住地的一位农村青年有些懊丧，问起他来才知道他还没有找着媳妇。毛主席帮了忙，找到了一个姑娘。青年很高兴。可是过了很长很长时间还不见结婚。“为什么不结婚呢？”毛主席问起来，青年才说：“她非要坐花轿不可，我到哪里找呢？”毛主席笑着说：“这个好办。”就找人把八仙桌子倒过来。上面扎了个花花绿绿的棚子，还缠上彩绸，插上鲜花，就嘀嘀嗒嗒地把新人娶过来了。大家听了，不由得哈哈大笑。

暖暖的阳光照着，轻轻的风儿吹着。我们跨进一个院落又一个院落，走进一个窑洞又一个窑洞。我们徘徊复徘徊，流连又流连，似乎还想同那些伟大而高尚的灵魂进行交谈。可是在这里，只有毛泽东终年陪伴的油灯，只有周恩来的纺车，只有刘少奇磨秃了的毛笔，只有朱德的镢(jué)头和棋盘。再就是那同黄土高原一样颜色的墙壁和那些简陋的木床、木桌、木椅了。啊！高尚而伟大的灵魂！清贫而朴素的生活！真是一尘不染的洁白啊！然而就是这些黄土窑洞，这些简陋的木桌、木椅，赢来了一个崭新的中国！

回想当年，延安是一座多么奇异的城市。小米饭豆芽菜啊，挖窑洞开荒啊，背粮背柴啊，可是她却从早到晚都是歌声。这似乎是一座难以理解的艰辛而又充满着欢乐的城市，一座贫穷却又是最富有的城市！他们靠的什么？难道不是胸中燃烧着的革命理想吗？失去革命理想还有什么延安精神呢？延安啊！什么都可以丢，唯独延安精神不能丢啊！

（四）

我登上了清凉山。

你是要寻访旧迹吗？是的。当年有一个刚刚18岁的青年，他到这里来住过。这里不仅有他许许多多的脚印，而且他在这里加入了一支最崇高最壮丽的队伍。不错，那还是一个很美好的春日，就在这山上的一个窑洞里，他面对着马克思和列宁的画像举行了入党宣誓。可不是吗，一切都像是在昨天。

“是这座窑洞吗？”“不，不是。”“是那一座吗？”“似乎也不像。”“那么，大概是这一座了？”“是的，有点像了。好，就在这里照张相吧。”

照完相，我依然默默地站在那里。对面就是宝塔山，西面就是凤凰山，山下就是延安城和延河的流水。我静静地望着她们，望着她们。“你是想再待一会儿吧？”是的，我是想再待一会儿。“你是想对她们说什么吗？”是的，我心里的确有几句话要说。当年我是一个普普通通的青年，我是为了寻找真理来到你身边的。几十年在硝烟和风雨中过去了，今天，我应该说：你的确给了我真理，你没有欺骗我。而且我想说：你告诉我的真理——共产主义的真理，是这个时代最科学、最真实也最辉煌的真理。即使这真理的实现，比人们预料的时间要长一些，曲折要多一些，但它绝不是乌托邦！我们绝不要为共产主义运动的暂时挫折而灰心吧。我们仍然坚信：唯有共产主义才是人类最合理最理想的制度，唯有共产主义的旗帜才配写在全世界辽阔无垠的蓝天上……

历史故事

你一定听过“三顾茅庐”的故事吧？对于耳熟能详的刘备、诸葛亮两人，你更喜欢哪一个？在历史的长河中有很多这样的故事和人物，从这些故事中，我们可以了解他们的事迹，领略他们的风采，丰富自己的历史知识。

让我们一起来阅读这个专题的文章，了解故事情节，感受人物形象，并作简要复述。在复述时，可以用抓关键词语等方法提示自己，同时注意顺序和详略。

范文阅读

❶ 王华[1]还金

[明]焦竑

王华六岁，与群儿戏水滨，见一客来濯（zhuó）[2]足，以[3]大醉，去[4]，遗所提囊。取视之，数十金也。公度（duó）[5]其醒必复来，恐人持去，以投水中，坐守之。少顷，其人果号而至，公迎谓曰："求尔金耶？"为指其处。其人喜，以一铤（dìng）[6]为谢，却[7]不受。

边读边想象故事情节，尝试用自己的话把故事讲给别人听。

注释

① 王华：字德辉，明朝余姚（今属浙江省）人，是著名思想家王守仁的父亲。
② 濯：洗。
③ 以：因为。
④ 去：离去，离开。
⑤ 度：猜想，料想。
⑥ 铤：同"锭"，专门铸成的各种形态的金银块，用以货币流通。
⑦ 却：拒绝，推却。

王华六岁的时候，和一群小孩子在水边嬉戏，见到一个过客来洗脚，因为大醉的缘故，离开时落下了他携带的包裹。王华拿来看了看，里面有数十两黄金。王华估计他酒醒后必定回来，又担心别人拿了金子离开，就把它投到水里，坐在那儿等他来。不一会儿，那个人果然大哭着来了，王华迎上去对他说："找你的金子吗？"并为他指明了地点。那个人很高兴，用一锭金子作为酬劳，王华推却不接受。

日积月累

拾金不昧　路不拾遗　清风峻节　夜不闭户

冰壶秋水　抱瑜握瑾　举足为法　兰芝常生

② 许仲平义不苟取

《元史》

许衡[①]字仲平，怀之河内[②]人也。尝暑中过河阳，渴甚，道有梨，众争取啖(dàn)[③]之，衡独危坐[④]树下自若[⑤]。或问之，曰：“非其有[⑥]而取之，不可也。”人曰：“世乱，此无主。”曰：“梨无主，吾心独无主乎？”

你喜欢文中的许衡吗？并说出理由。

注释

① 许衡：宋元之际学者。

② 怀之河内：在今河南省沁阳市。怀，即怀庆，元时称路，明清称府。河内，古县名。

③ 啖：吃。

④ 危坐：正身而坐。

⑤ 自若：安然如常，毫不动心。

⑥ 非其有：非其所有，不是自己分内所应有的东西。

译文

许衡，字仲平，怀庆河内人。他曾在炎热的一天路过河阳，口很渴。路旁有梨树，人们都争着去摘来吃，只有许衡一人在树下正身而坐，若无其事。有人问他，他说：“不是自己应有的东西而去拿它，这是不可以的。”那人说：“现在世道混乱，梨没有主人。”许衡说：“梨没主人，难道我的心中也没有吗？”

❸ 西门豹罢官

西门豹是战国时期的魏国人，他初任邺（yè）地的县官时，勤政爱民，廉洁奉公，铁面无私。他不仅把装神弄鬼的巫婆和官绅的头子投入漳河，祭了“河神”，还从重惩治了祸国殃（yāng）民的贪官污吏。

邺地的百姓都拍手称快，夸赞西门豹是为民除害的好官。之后，他带领老百姓兴修水利，务农经商。没过多久，在这个曾经田地荒芜、人烟稀少的地方，百姓终于能丰衣足食，过上安居乐业的生活了。

找出文中略写的部分，体会略写对推动故事发展和刻画人物的重要作用。

然而，西门豹从来不去巴结讨好魏文侯的亲信大臣，这让那些人怀恨在心，合起伙来向魏文侯启奏，说西门豹在邺地结党营私，还造谣他对君王有大不敬的言辞。群臣们说得有鼻子有眼，魏文侯听了怒不可遏(è)。

一年终于到头了，各地的官员都来向魏文侯述职。政绩突出的西门豹也来到了大殿之上，当拜见魏文侯时，却莫名其妙地被狠狠责备了一番。心怀不轨的大臣们也在一旁添油加醋，无端指责，西门豹根本没有机会申辩。魏文侯盛怒之下决定收回官印，罢掉西门豹的官。

此时，西门豹心里已非常清楚自己被罢官的缘由，便向魏文侯请求道："微臣才疏学浅，在过去的这一年里，缺乏做官的经验，不知该如何治理地方。现在我终于明白该怎样做了，请您再给微臣一次机会，如果治理不好邺地，我甘愿接受死罪。"魏文侯见西门豹立下军令状，便勉为其难地答应了，将官印还给了他。

你觉得西门豹被罢官的原因是什么呢?

西门豹回到任所后，一改往日风格，开始懒于处理政事，大肆剥削百姓，老百姓在背地里无不责骂他是个贪官。西门豹还不断贿赂（huì lù）巴结魏文侯的亲信，让他们在魏文侯面前为自己多说好话。受贿的大臣接到财物便嬉皮笑脸地对西门豹说：“你终于想明白了，识时务者为俊杰啊！”西门豹点头称是。

转眼又一年过去了，西门豹和各地的官员又来到国都述职。西门豹的政绩比上一年大为下降。可是这之前，魏文侯早已听说了西门豹的“丰功伟绩”，见到他时满面笑容地夸奖道：“治理有方，理应嘉奖升官。”大臣们也在一旁赞不绝口。

“丰功伟绩”一词加了引号，在此表示讽刺和否定。

按理说，西门豹的官可以继续做下去了。可是此时，他却跪下对魏文侯严肃地说道：“前一年时，微臣对您忠心耿耿，治理邺地任劳任怨，为百姓做事受到拥戴，您却要收回我的官印。这一年来，我剥削百姓，欺上瞒下，贿赂收买大臣，您却夸奖我政绩突出。只有我心里明白，我的实际功劳大不如从前，这种黑白不分的官不能做。我西门豹不做愧对百姓的贪官！请您恩准我辞官回家吧！”说完，西门豹毅然决然地把官印还给魏文侯，等候发落。

魏文侯如遭当头棒喝，顿时醒悟过来，走到西门豹面前，扶起他，挽留道：“请你原谅，过去寡人对你不了解，听信了小人的谗（chán）言。如今寡人真正明白了，先生是贤臣，请你留下来继续做官，为百姓做事，为国家出力！”

（董梅　改写）

这个故事中，语言描写是重点。请读一读西门豹说的话，体会语言描写对刻画人物性格的重要作用。在我们平时的习作中也要恰当地使用语言描写，让人物形象生动起来。

④ 林则徐求雨

道光十八年（1838），林则徐在湖广总督任内。这一年遇到了罕见的大旱，旱情十分严重，田地里收成大减，老百姓几乎颗粒无收。物以稀为贵，米价自然也不断上涨，十分昂贵，老百姓没有钱买米，一个个饿得面黄肌瘦，精神萎靡（wěi mǐ）。

文章中出现了大量的四字词语或成语，边读边在文中圈画一下吧！

作为总督，林则徐看在眼里，急在心里，整天坐立不安，夜不能寐（mèi）。他担心道："再这样下去，老百姓最基本的生活都难以保证。"

林则徐拿出自己家的粮食发给灾民，可是灾民太多，他除了尽量拿出自己的薪俸（fèng）周济饥民外，还动员下属尽力捐助。他命令官员捐钱买米，平价卖给百姓，并一再劝官员尽自己的力量，主动捐助。

然而，官员们口头上说不尽同情百姓的好话，轮到真要出钱了，却一个个诉说自己为官清廉，自家经济困难，有的干脆说有了上顿没下顿，家无隔夜之粮，结果没有人捐出一文钱来。

想一想：林则徐求雨的起因、经过、结果是怎样的？

林则徐见状，也不言语。第二天，他就让人在官府衙(yá)门前张贴告示，宣布三天后他要率领众官设坛求雨，在这三天内大家必须沐浴吃素，以表示对苍天的真诚之心。

到了求雨那天，林则徐率领大小官员徒步来到城中心的广场，他先走上高坛，俯伏在地，口中念念有词。官员们也鱼贯走上高坛，俯伏在地祈祷。求雨仪式完毕后，林则徐带着官员来到事先在高坛下铺设的大片芦席上休息。当时烈日当空，酷热难当，连路边的树叶都晒蔫(niān)了，空气闷热异常，而芦席上方既没搭篷遮挡，也没有茶水供应。被人服侍惯了的官老爷们难受极了。他们从前哪吃过这般苦头，坐下没多久，就一个个口渴头晕，不一会儿，汗水就浸透了衣服。他们也顾不上个人形象，用手大把大把不断地捋(lǚ)汗水，有几个更是面如土灰，喘着粗气。林则徐看时机已到，意味深长地说道：“平时我们一直高高在上，过着饭来张口、衣来伸手的富贵生活。到了这大旱之年，我们又怎知道‘农夫心内如汤煮’的情景呢？今天，我愿意同大家一起来尝尝穷苦百姓在烈日下挥汗锄禾的苦滋味。”

文中生动的语言描写，让我们认识了一个机智冷静、一心为民的林则徐。

大约坐了三炷香的工夫，看时机成熟了，林则徐便开口道：“现在大家可能同我一样喉咙里都冒火了，茶水可不能不喝啊。”说完，他即传唤差役将已准备好的茶水拿过来，差役抬过来整整一桶的凉茶，林则徐自己先舀了一瓢，“咕咚咕咚”地喝了个饱，其他的官员自然也迫不及待地依次喝了起来。

不一会儿，由于胃里承受不了这样

的冷热交攻，林则徐首先呕吐起来，而且吐得很厉害，接着其余的大小官员也全部吐了起来，弄得芦席上狼藉(jí)不堪。看到此景，林则徐不禁笑着说：“这样倒可以检验一下我们的心肠了！可以看看我们每个家庭的经济状况、生活水平。”于是他告诉这些大大小小的官员们不要把他们呕吐出来的东西掩盖起来。接着，林则徐不顾下人的劝阻，忍着难闻的气味，一一检验每个人的呕吐物。

结果，除了林则徐吐出的是杂粮野菜外，其他大小官员吐出的不是山珍海味就是鱼肉荤腥。林则徐望着低下脑袋的众位官员，严肃而又沉痛地说道：“我今天是真心诚意地向天求雨，为的就是尽快地解除旱情，好让老百姓能够活下去。你们怎么可以这样干呢？整天吃的是大鱼大肉，你们的真心诚意呢？再说，前几天我号召大家慷慨解囊，捐助地方的灾民，你们一个个说自己穷，有的甚至

你认为林则徐求雨的办法好在哪里？

还说都揭不开锅了，今天看看你们到底吃的是些什么呀！我说呀，上苍之所以如此发怒，旱情这么严重，全是你们这些人把百姓的生命当儿戏造成的恶果啊！”

官员们听了自知理亏，一个个既羞愧又害怕，担心总督大人处罚他们，赶快表示愿意捐出钱来购买粮食，平价卖给百姓。最后，他们纷纷捐出了大量的金钱来救济灾民，老百姓才幸免于难，平安度过了灾年。

这篇文章的篇幅比较长，你能不能抓住主要内容复述一下这个故事呢？

（徐薇　改写）

阅读链接

林则徐（1785—1850），福建侯官（今福州）人，清末政治家，曾任湖广总督、陕西巡抚和云贵总督等，主张抵抗西方列强的侵略，严禁鸦片。

5 三顾茅庐

官渡之战以后，刘备来到荆州投奔刘表。他一心想要成就大业，处处留心访求人才。他打听到襄阳有个名士叫司马徽，就特地去拜访，司马徽告诉他："这一带有'卧龙'和'凤雏'，您能请到一位，就可以平定天下了。"

默读全文，找一找文中表示故事发展先后顺序的词语和句子。

刘备问"卧龙"和"凤雏"都是谁，司马徽告诉他，"卧龙"名叫诸葛亮，字孔明；"凤雏"名叫庞统，字士元。刘备多方打听得知，诸葛亮就隐居在襄阳城西二十里的隆中，他在那里搭了个茅屋，一面耕种，一面读书。虽然诸葛亮当时只有二十七岁，但是学问渊博，见识很广，朋友们都非常钦佩他，他也常将自己比作管仲、乐毅。但是他看到当前天下纷乱，刘表也不能重用人才，所以宁愿隐居隆中，过着闲适的生活。

刘备想请诸葛亮帮助自己打天下，他决定带着关羽、张飞一起到隆中去请诸葛亮出山。但是诸葛亮听说刘备要来拜访他，就故意躲开，刘备扑了个空，只好留下姓名，失望地回去了。

隔了几天，刘备探听到诸葛亮已回到住所，急忙带着关羽、张飞再次去拜访他。这一天，外面寒风刺骨，阴云密布，大雪纷飞，天气冷得让人难以忍受。张飞大嚷："我们何苦找此罪受，不如等天晴再来！"刘备却说："咱们冒此大风雪，不怕山高路远，不正能够表明诚意吗？"谁知，诸葛亮恰巧于前一日外出闲游去了，刘备这次又没见到他，只好写了一封信托诸葛亮的弟弟转交，并表示改日再来拜访。

有感情地读一读描写张飞语言的句子，体会他的性格特点。

第二年春天，刘备令占卜者选择好

吉日，并斋戒三天，沐浴更衣，准备第三次前往隆中拜请诸葛亮。关羽、张飞极力劝阻，关羽说诸葛亮也许就是徒有虚名，没有真才实学，因此才对他们避而不见。张飞更是说诸葛亮不过一介村夫，哪里是有大智慧的人，他要独自前往，如果诸葛亮不来，就用绳子强行捆来。刘备连忙斥责他说："不得无礼，难道你没有听说过周文王拜见姜子牙的故事吗？周文王尚且如此敬贤，你也太无礼了！没有诚意哪能请到贤人？"张飞不得不忍气吞声地答应不再放肆。

从刘备的话中，我们感受到他求贤若渴的心情。

就这样，刘备等三人飞马直奔隆中，来到诸葛亮居住的茅庐前，不料诸葛亮正在睡午觉，刘备为了不打扰他，吩咐关羽、张飞二人在门口等着，他自己则敛(liǎn)声屏气地静候在诸葛亮卧席的台阶外。半天过去了，诸葛亮还没有醒，关羽、张飞在外面站了很久，看没有动静，就走了进去，结果发现刘备竟还在台阶外站立着。张飞便恼羞成怒，和关羽说：“这人真是太傲慢了！把咱哥哥晾在旁边，他倒是在屋里睡大觉。让我去屋后放他一把火，看他起还是不起！”关羽再三劝阻。刘备仍然命令他二人在外等候。再看看诸葛亮，他翻了个身好像要起来了，却又转身朝墙睡着了。就这样又等了一个多时辰，诸葛亮才醒来。刘备终于见到了诸葛亮。他看到诸葛亮身长八尺，玉树临风，羽扇纶(guān)巾，面相不俗，赶紧下拜说：“久慕先生大名，三次拜访，今日终于如愿，实在是平生之大幸。”诸葛亮被刘备的诚意打动了，他在自己的茅庐里接待了刘备。

尝试复述这个故事，并说一说这个故事告诉我们一个什么道理。

这次，诸葛亮答应了刘备的请求，怀着统一天下的政治抱负，离开隆中茅庐，出任刘备的军师，从此忠心耿耿地辅佐刘备，为“三国鼎(dǐng)立”局面的确立做出了巨大贡献。

（代文秀　改写）

6 张良拾履

张良，字子房，是汉高祖刘邦的谋士，有名的军事家，与韩信、萧何并称“汉初三杰”。“运筹策帷(wéi)帐之中，决胜于千里之外”，就是刘邦对张良军事才能的评价。

张良出身于贵族世家，他的祖父、父亲都做过韩国的相国。韩国被灭的时候，张良还是个年轻人，他变卖家产，结交英雄好汉，要替自己的国家报仇。后来他交了一个大力士朋友，这个大力士能够使用一百二十斤重（大约相当于现在的六十斤）的大铁锤。张良和大力士商量要行刺秦始皇。

前三个自然段和“张良拾履”这个故事没有直接联系，可以删掉吗？说说你的看法。

秦始皇外出经过一个叫博浪沙的地方时，大力士就动手了。他将铁锤砸了过去，没想到这一锤没有砸中秦始皇，只砸到了一辆副车。张良的行刺行动失败了，他只好隐姓埋名，逃到下邳(pī)。在下邳，张良学到了让他受益一生的兵法。关于张良学习兵法，一直流传着这样一个传说：

找一找下文中表示“张良拾履”故事先后发展顺序的词语或句子。

有一天，张良正在独自散步，路过一座大桥的时候，他看到桥上有一位老人。这位老人鹤发童颜，身上穿着粗布大褂，独自坐在桥头上。看见张良走过来，这位老人就将脚往后一缩，他的一只鞋子就直接掉到了桥底下。

老人转过头，很不客气地对张良说：“小伙子，下去把我的鞋捡上来。”

张良惊愕(è)极了，心想哪有这样傲慢无礼的人！他简直忍不住想要上前去揍他一顿。但他转念一想，这老人毕竟年纪已大，便压住了火气，下去将鞋子取了上来。

结果老人并没有从张良手中接过鞋子，而是把脚一伸，说：“给我穿上。”张良想，算了，既然都已经捡上来了，索性好人做到底，便跪在地上，恭敬地给老人穿上鞋子。穿好鞋子后，老人微微一笑，站起身离开了。

张良愣住了，他心想这位老人真是奇怪，于是他盯着老人的背影张望，看老人要去往何方。

没想到，老人走了一会儿又返了回来，对张良说："小伙子，真不错！我乐意教导教导你！五天之后，天亮的时候，还在这个地方，你来找我。"

张良听他说话的口气，觉得他一定大有来历，赶紧跪下答应。

张良之所以听从老人的摆布，是因为他早就猜到这位老人大有来历了吗？

五天后的清早，张良一起来就往桥上赶去，可是一到那里才发现，老人不知道什么时候已经先到了。他不满意地对张良说："你跟老人家约会，应该早一点来，怎么还能叫我等你呢？"张良只好低头认错，老人说："你去吧，再过五天，早一点来。"说完就走了。

一转眼又过了五天，这天清早，张

良一听见鸡叫就步履如飞地往大桥那边跑。他还没有走上桥就看见了那位老人，老人气呼呼地说：“怎么还是比我来得晚？你回去吧，五天后再来吧！”

五天后，张良吸取了前两次的教训，半夜就来到桥上等候。不一会儿，老人一步一步慢悠悠地走过来了，他一看到张良就喜形于色：“这才对了。”说完，他从袖里掏出一部书交给张良，说：“好好读一读吧，读了这部书，你便可以做帝王的老师。十年后天下将出现大变，十三年后，如果你想见我，便去找济北毂城山下的黄石，那便是我。”说着便不见了踪影。

想一想：在复述这个故事的时候，哪些情节可以详说？哪些情节可以简说？

等到天亮，张良趁着晨光看到书的封面上写着“太公兵法”四个字，他才知道，这是周朝初年姜子牙传下来的兵书。从此以后，张良开始刻苦钻研兵法，后来终于成为历史上有名的军事家。

（王秀娟　改写）

7 关尹子教射

古时候有一个人叫列子，他跟着他的箭术老师关尹子学习射箭。有一次，列子非常幸运地射中了靶(bǎ)心，他就跑去问关尹子："您看我学得差不多了吧？"关尹子说："你知道你能射中靶心的原因吗？"列子回答说："不知道。"关尹子说："那还不行。"列子又刻苦练习了三年，基本上能做到百发百中，于是他又来向关尹子求教，关尹子问："这次你知道你是怎样射中靶心的吗？"列子说："知道了。"关尹子说："可以了。你要牢牢记住其中的道理，千万别忘记它。不但是射箭，治理国家以及自我修养，都要像这个样子。"

你能想象列子在三年中是怎样刻苦练习的吗？

这个故事告诉我们：不管是学习还

是做事，不仅要知其然，还要知其所以然，这样才算是掌握了事情的规律，也只有这样才能真正地把事情做好。

（杨黎明　改写）

阅读链接

关尹子，春秋末思想家，道家代表人物。一说姓尹名喜。道教尊为“文始先生”。相传曾为函谷关尹，随老子出关西去。老子的《道德经》据说就是应了关尹子的邀请而撰写的。

8 凿壁偷光

西汉时期有一个非常喜欢读书的孩子，名叫匡衡。因为家里很穷，匡衡无法像别的孩子一样进学堂读书，只能靠给一个家里藏书甚多的富人家打工，以此获得借书的机会。长大之后的匡衡成了家里的主要劳动力，白天要下地干活，只有用晚上的时间来读书。

这个故事写得详略得当，复述的时候也要注意抓住文章主要内容，突出重点。

但是，因为家里太穷买不起油灯，匡衡晚上读书的愿望也难以实现。这天夜里，匡衡正躺在床上，突然发现从邻居家的墙隙中透过来一线光亮，他灵机一动，想到一个获得光亮的好方法，于是他拿起小刀，小心翼翼地把墙上的洞挖大了一些，这下透出来的光线更多了。

就这样，匡衡借着透过来的微弱光

读了这个故事，你明白“凿壁偷光”的意思了吗？联系实际生活，谈一谈你的收获吧。

线读起书来。之后每个夜晚，他就借着墙隙里透过来的光读书，一直到邻居家的灯熄灭才入睡。匡衡在这样的条件下坚持刻苦学习，最终成为一个有学问的人。

（代文秀　改写）

阅读链接

匡衡能够讲解《诗经》，当时流传着一首歌谣：“无说《诗》，匡鼎（鼎，匡衡的小名）来；匡说《诗》，解人颐。”这首歌谣的意思是：如果没有人会讲解《诗经》，就请匡衡来讲；匡衡来讲授《诗经》，能使人们开颜欢笑。

组文阅读

历史是一面镜子，读史使人明智。中华五千年的历史浩如烟海，留下了许许多多动人的故事。在历史的长河中遨游，我们可以发现江山代有人才出；在历史的花园中漫步，我们可以领略古人的风采，感受前人的智慧。

让我们一起走进历史故事，了解故事情节，感受人物形象。在阅读的过程中需要注意事情发展的顺序和叙述的详略，学习抓住关键词句，做简要的复述。

1 沈括劝谏有术①

凌可新

北宋熙宁年间，边关告急，说是辽国的兵马即将入侵，请求皇上下诏，一旦辽兵开始行动，宋军就要征调百姓的车辆作战车，用以抵御侵略者。宋神宗心系江山社稷，同意边关的请求。消息传出来，百姓十分恐慌。大臣们一个个给皇上上书，说这样做会扰乱百姓的生活。宋神

① 选入本书时略有删改。

宗对此坐视不理。奏折上多了，宋神宗有些烦了。

早朝时，他终于发火了，使劲地拍着龙椅的扶手，说道：“这大宋朝是百姓的天下！征调民间的车辆，为的是抵御强贼入侵，不是朕用来游山玩水的。以后谁要是再胡言乱语，朕就免他的官，让他回家去！”皇上龙颜大怒，朝里的大臣们赶紧住了口，转而附会皇上的决策。宋神宗这才松了口气，心想：算你们知趣。不过，没人说这事儿皇上却又感到了寂寞。当然，更主要的是他想多听听大臣的赞扬声。

有一个人叫沈括，也就是写了著名的《梦溪笔谈》的那个人。前几天朝里有事时，沈括刚好生病在家，没能来上朝。等他病好了来上朝时，朝里已经风平浪静了，像是从来也没有发生过之前那件事情似的。宋神宗处理完一些公务后，闲着没事，对沈括说：“你知道前几天决定征调民间车辆一事吗？”

沈括虽说在家里养病，对外面的事情却也有所耳闻。不过，他不能说知道，说知道了，也许皇上会不高兴。于是他做出一副惊讶的表情，说：“没听说过，征调民间的车辆干什么用？”

皇上愿意和不知道这事的人说说，于是说：“辽国无理，又妄图进犯咱们大宋的疆土。他们打仗，总是骑着高头大马。边关大将说，跟他们交手，只有使用战车才能取得胜利。所以，朕才下了这道旨。”

沈括说：“要是辽兵入侵，边关打仗，那里老百姓的房屋、土地等都得丢掉了，甚至连祖坟也保不住，哪里还有工夫去管车辆？再说，陛下下的旨只是统计一下车辆的数字，并没有马上就征调，这对他们有什么伤害呢？”

皇上的脸上露出了笑容，说：“你说得十分有道理。可朝中那些大臣们为什么要阻止朕呢？”

沈括想了想，说道：“驾驶战车打仗的好处，在历史上有许多例子。比如春秋时期，吴国正是因为推广战车，才成为春秋一霸；唐朝的李靖用偏箱战车，竟然把当时的颉利可汗给活捉了。不过呢，臣有一事还没弄明白，想说出来请陛下明示。”沈括接着说：“陛下您看，古时候所谓的轻车，是兵车。兵车的形状不是很大，用的材料也结实轻便，速度很快，能够进退自如。现在，民间的车辆多是用来拉货载物的，体形庞大，而且是用牛来拉。一天从早走到晚，也走不了多远。所以民间称这种车为‘太平车’。如果天下太平，有这么一辆车拉拉东西，还不至于出什么问题。打仗用它，只会给军队带来麻烦，弄不好还会成为累赘呢。”

皇上听了，说：“你说得很有道理。怎么那些大臣们没有这么说呢？”

“其实，大臣们的想法也是好的。他们心中装着天下百姓，正是陛下您的福气呢。要是有什么想法而不说出来，只会跟着起哄，那样的大臣不要也罢。”

皇上说：“听你一席话，朕很有收获。朕这就下旨，把征调民间车辆的事儿给停了吧。”

后来，沈括还没离开皇宫，他的官职就晋升了两级。

阅读链接

《梦溪笔谈》是一部涉及中国古代自然科学、工艺技术及社会历史现象的综合性笔记体著作。该书曾被英国科学家李约瑟评价为“中国科学史上的里程碑”。

② 孙膑庞涓斗智

孙膑是齐国人，他是伟大的军事家孙武的后代。孙膑曾经与庞涓一同向当时有名的学者鬼谷子学习兵法。

魏惠王为了扩大魏国的势力，出重金招贤纳士。魏国人庞涓自信满满地求见魏惠王，讲了许多富国强兵的道理。魏惠王听了十分满意，立刻下令封庞涓为魏国将军。

魏惠王得知孙膑德才兼(jiān)备，精通兵法，是个少见的军事天才，特意命人邀请孙膑来到魏国与庞涓共事。庞涓担心有朝一日孙膑施展才华时，会超越并取代自己的地位，便绞(jiǎo)尽脑汁设法尽早去掉这块心病。

他想出了一个阴毒的诡(guǐ)计，在魏惠王面前诬(wū)告孙膑私通齐国，企图谋反。魏惠王十分恼怒，判处孙膑墨刑和膑刑。孙膑被刺面涂墨，剜去双腿的膝盖骨，从此不能站立走路。

这下庞涓把悬着的心放了下来，他武断地认为没有君王会用身残有罪的人带兵打仗，孙膑这辈子不会有显露才华的机会了。

此时，齐国的使臣到魏国访问，偷偷救走了孙膑，把他带回齐国。齐国将军田忌非常敬重孙膑，把他推荐给齐威王。齐威王接见了孙膑，与他谈论兵法，孙膑讲得头头是道，齐威王对他大为赏识。

当时，诸侯国之间进行着激烈的兼并战争。公元前354年，魏惠王派庞涓进攻赵国，包围了赵国的国都邯郸。战事僵持了一年多，赵国渐渐感到力量不支，向齐国求救。齐威王决定出兵，任命田忌为主将，孙膑为军师，出发援救赵国。孙膑坐在车子里，为田忌出谋划策。

田忌原本打算率领齐军直奔赵国都城邯郸，与赵国军队合力击退魏国军队。孙膑谏言：“万万不可！现在，魏国精锐的兵力都用来攻打赵国，魏国境内必定是老弱兵卒留守，十分空虚。倘若咱们率领军队迅速前往魏国都城大梁，庞涓知道了，一定会放弃邯郸，立即赶回救援，那么赵国的危机自然就解除了。我们在半道上等候，以逸待劳，迎头痛击，准能打败他们。”田忌连连称赞道：“妙计！妙计！就依你的计策行事，咱们定能稳操胜券（quàn）！”

田忌按照孙膑的计策，指挥齐军直奔魏国的国都大梁。当时，魏军已经攻下邯郸。庞涓得知齐国军队进攻大梁，只好放弃邯郸，回国自救。刚退兵到桂陵，便与齐军相遇，魏军大败。最后，齐国不但解除了赵国的危机，而且使魏国受到打击。

十三年后，魏国和赵国联合起来，以庞涓为统帅攻打弱小的韩国。韩国向齐国求救。齐王再次派田忌为统帅，孙膑为军师，发兵救韩。于是田忌率兵直奔大梁。

庞涓听到消息，率领军队离开韩国往回赶。当庞涓赶到魏国边境时，齐军已经进入魏国境内。

田忌得知魏军气势汹汹地追杀过来，便向孙膑讨教。孙膑想了想，胸有成竹地说："您别担心，善于作战的人都懂得因势利导。兵书上说：行军百里去与敌军争斗，可能会损失上将军；行军五十里去与敌军争斗，可能会有一半士兵在行军途中逃跑。我们不如将计就计：我军在今天宿营的地方留下十万个灶坑，在明天宿营的地方留下五万个灶坑，在后天宿营的地方留下三万个灶坑，用这种方法来制造很多士兵逃离军队的假象。庞涓懂得兵法，他一定会按这个规律安排行动。到那时，我们设下埋伏，定能打败魏军！"田忌听后决定按照孙膑的计策行事。

到了第三天，庞涓果然发现齐军留下的灶坑大量减少，兴奋地说："太好啦！太好啦！才三天时间，胆怯的齐国士兵就已经逃走了一大半！"庞涓急于立功，于是下令亲自带领少数精锐部队日夜兼程追赶齐军。孙膑估计魏军天黑时会赶到马陵，让田忌在马陵狭窄的道路两旁埋下伏兵，让他们一见有火光就放箭。孙膑又命士兵削去一棵大树的树皮，在露出来的木头上写下几个大字："庞涓死于此树之下！"

半夜时分，庞涓率兵赶到马陵道，摸黑来到那棵被削去树皮的大树下，隐约可见树干上有几个字，但是很不清楚，他立刻命人点着火把照亮树上的字。不料，火把刚刚点着，齐军就万箭齐发，魏军顿时大乱。庞涓才知中计，长叹道："如今反成就了孙膑的声名！"说完，拔剑自刎。

齐军全歼魏军，并俘虏了魏国太子申。

从此以后，孙膑名扬天下。他所著《孙膑兵法》在后世广为流传。

（宋欣　改写）

③ 止楚攻宋

墨子是墨家学派的创始人。他主张“兼爱”，反对战争，提倡节俭。墨子一生中曾经多次阻止即将爆发的战争，其中最著名的一次就是阻止楚国进攻宋国，史称“止楚攻宋”。

公元前5世纪，位于长江中游一带的诸侯国楚国是一个地广人众的大国，在它北部的宋国是个地小人稀的小国。楚王为了扩大自己的领土，准备攻打宋国。他重用了当时最著名的工匠——公输般，他是鲁国人，也就是后来被历代土木工匠奉为祖师爷的鲁班。

楚国几次攻打宋国都没能成功，因为宋国的城墙高大坚固，易守难攻。公输般绞尽脑汁，反复试验，终于成功设计并制造了一种高度超过城墙，竖起来像是能够碰到云端的攻城工具——云梯。除此之外，公输般还制造了撞车、飞石、连珠箭等一系列武器，这更使楚王坚定了攻宋的决心。

墨子得知了这个消息以后，便日夜兼程，风餐露宿，千里迢(tiáo)迢赶到楚国求见楚王。

墨子拜见楚王，说：“现在有这么一个人，他已经有华丽的马车，却要去偷邻居家的破车；自己家里已经有绣花绸袍，偏要去偷邻居家的粗布短袄；自己家里有美味佳肴(yáo)，还要去偷邻居家的糟糠(kāng)。您说，这是个什么样的人呢？”

楚王不假思索地回答：“这人一定是患了偷窃病。”

墨子说：“您说得很对。楚国方圆五千里，而宋国方圆五百里，这就好比华丽的马车与破车；楚国有数不胜数的名贵木材，而宋国连高大的树木也没有，这就好比绣花绸袍与粗布短袄；楚国土地肥沃，地大物博，而宋国土地贫瘠(jí)，物产不足，这就好比美味佳肴与糟糠。楚国以大凌小，以强欺弱，这不是和那位患偷窃病的人一样吗？”

楚王无言以对。但他仍没有打消攻打宋国的念头，便说：“公输般已经为我造好了云梯，我楚国拿下宋国已是易如反掌。”

墨子笑了笑，说：“您能攻，我能守，若真打起来，您也占不了便宜。不信，我就当着您的面与公输般比试一下。”

说着，墨子就解下身上系着的腰带，摆在地上围作城墙，再拿几块小木板作为工具，演示怎样攻城，怎样守城。他守城，让公输般攻城。一个用云梯攻城，一个就用火箭烧云梯；一个用撞车撞城门，一个就用滚石檑(léi)木砸撞车；一个用地道，一个用烟熏。公输般一连用了九套攻城的方法，墨子就用了九套守城的方法把他挫败。公输般攻城的方法都用尽了，可是墨子还有很多守城的高招。

这时，公输般对墨子说：“我有办法对付你，但我不说。”

墨子微微一笑，说：“我知道你的办法，但我也不说。”

楚王听了两人的对话一头雾水，问道：“你们说的到底是什么？”

墨子告诉楚王：“公输般的意思，我清楚得很，不过是想杀掉我。他认为杀了我，就没有人可以帮助宋国守城了，其实大错特错。在我来到楚国之前，早已派我的弟子三百多人前往宋国，他们每个人都拿着我的守城工具，学会了我的守城方法。即使杀了我，楚国也占不到任何便宜。”

楚王听了墨子的一番话，无奈地说：“先生的话有道理。我决定不去攻打宋国了。”

墨子没有用一兵一卒，就平息了这场剑拔弩（nǔ）张的战争。

（董红　改写）

阅读链接

墨子（约前468—前376），春秋战国之际思想家、政治家。他创立了墨家学派，核心思想是“兼爱”“非攻”。“兼爱”是指没有等级、不分远近亲疏地爱天下所有人；“非攻”就是反对攻战，但这里的反对攻战只是反对侵略战争，对于那些抵御侵略的战争，他不但不反对，并且竭力支持。

阅读实践

读完本组故事，你能简要概括出每个故事的主要内容吗？

文章题目	主要内容
《沈括劝读有术》	
《孙膑庞涓斗智》	
《止楚攻宋》	

活动二

复述故事时可以按照事情的起因、经过、结果来复述（见表1），也可以用事件串联法复述（见表2）。选取自己喜欢的一个故事，想一想这个故事适合用哪种方法进行复述，复述时还需要注意什么，可以先按照下面的提示写下来，再讲给同桌听。

表1

故事名称	
主人公	
起因	
经过	
结果	

表2

故事名称	
主人公	
事件1	
事件2	
事件3	

活动三

从三个故事中，任意选择两个人物进行对比阅读。想一想：他们有哪些共同点和不同点？先列出发言提纲，再在小组内讨论交流。

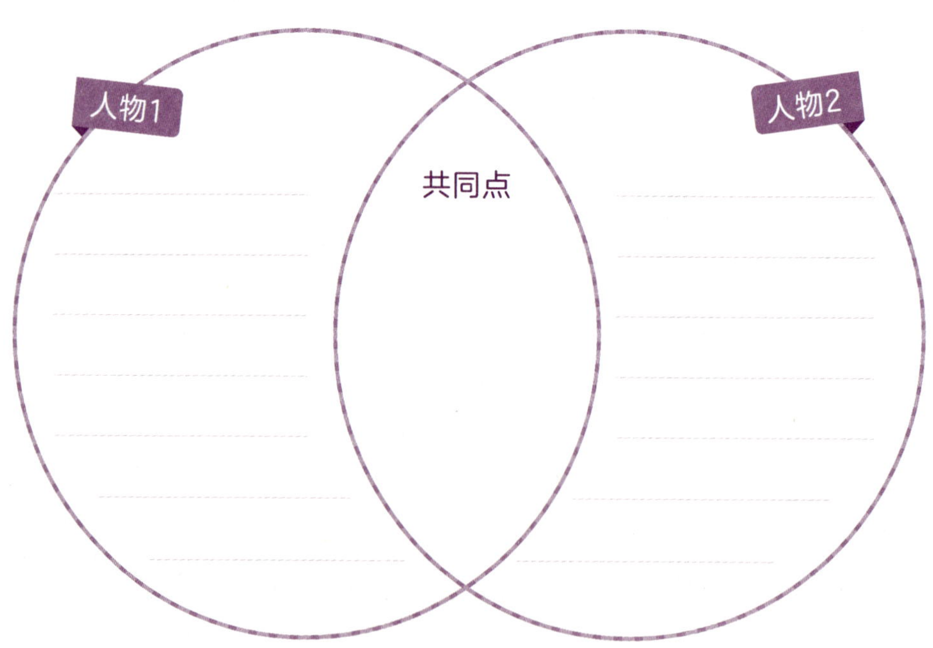

自由阅读

① 曹冲智救库吏

［明］冯梦龙

曹公[①]有马鞍在库，为鼠所伤。库吏惧，欲自缚请死。冲谓曰："待三日。"冲乃以刀穿其单衣，若鼠啮(niè)[②]者。入见，谬(miù)[③]为愁状。公问之，对曰："俗言鼠啮衣不吉，今儿衣见啮，是以忧。"公曰："妄言[④]耳，无苦。"俄而[⑤]库吏以啮鞍白[⑥]，公笑曰："儿衣在侧且啮，况鞍悬柱乎！"竟不问。

注释

① 曹公：指曹操。

② 啮：咬。

③ 谬：假装。

④ 妄言：虚假骗人的话。

⑤ 俄而：一会儿。

⑥ 白：告诉。

曹操有马鞍放在库房里，被老鼠咬坏了。库吏很害怕，想把自己捆起来去向曹操请罪。曹冲知道了这件事，对库吏说：“你先等三天。”曹冲就用刀子把自己的单衣割破，故意弄得像是被老鼠咬破的样子。拜见曹操时，曹冲装出一副忧愁的样子。曹操问他原因，他回答说：“俗话说，被老鼠咬破了衣服不吉利。现在我衣服被老鼠咬了，所以很担忧。”曹操说：“那是骗人的话，你别担心。”一会儿，库吏进来报告老鼠咬坏马鞍的事，曹操笑着说：“我儿子的衣服就放在身旁，还被老鼠咬了，何况马鞍是挂在库房的柱子上呢！”于是不再追问此事。

阅读链接

曹冲是曹操最小的儿子，从小天资聪颖，善于观察。曹操对他极为喜爱，经常把他带在身边，亲自教导。但他不幸在13岁时因病去世。

② 赵奢秉公执法

赵奢是战国后期赵国著名的军事将领。他足智多谋，英勇善战，以出奇制胜闻名，与廉颇、蔺(lìn)相如齐名，为赵国建立了显赫(hè)的功勋。

赵奢最初只是赵国一个小小的田部吏，即负责征收田赋的小官。在当时，征收田赋是一项很难开展的工作，尤其是征收官僚(liáo)贵族家的田赋。因为官职越高，身份越尊贵，拥有的土地就越多，所要缴(jiǎo)纳的田赋税额就越大。所以想要做好这项工作，一点儿也不轻松。别看赵奢很年轻，但他对税收工作非常认真负责，面对困难，从不退缩，凭着对赵国的一片忠心，秉公办事，不畏强权。

有一次，赵奢带着几名属下去平原君家里征收田赋。这个平原君赵胜可是个大人物，他是赵国的君主赵惠文王的亲弟弟，也是赵国的相国，在诸侯中也赫赫有名，为“战国四公子”之一。很多人前来投奔赵胜，他供养的门客就有几千人，可以说权高势大，家世显赫。面对小小的田部吏赵奢，平原君的管家一点儿也没把他放在眼里，他态度傲慢、蛮(mán)横无理，不但不缴纳田赋，还找来一伙家丁，把赵奢及其几名属下围了起来。

赵奢十分气愤，威严地说："缴纳税款是国家法令，抗税不缴会受到惩罚。平原君是法令的制定人，更应该以身作则，积极纳税。否则，拒缴国家税收，必将受到严惩！"管家仗着有平原君给自己撑腰，丝毫无所畏惧，根本不听赵奢的话，依然我行我素。赵奢见管家如此蛮横，当即要押解他们。管家和家丁们一听，有些慌了，但想着平原君会为他们做主，便抄起家伙，准备和赵奢等人对峙(zhì)。可不承想，他们哪里是赵奢的对手，不一会儿就被赵奢和他的几名属下制服了。结果，赵奢真的说到做到，严肃处理此事，杀了管家在内的九个参与闹事的人。

有权有势的平原君知道这件事后，勃然大怒，扬言要杀掉赵奢。一些好心人前来劝告赵奢："快去邻国躲一躲吧，以免有杀身之祸啊！"可是赵奢一点儿也不惊慌，他说："我以国家利益为重，秉公执法，有什么错？为什么要逃跑？"

赵奢想：我应该主动出击，说服平原君，让他顾全大局。于是，他来到平原君家里，恭恭敬敬地向平原君施了一礼，泰然自若地说：“我这样做，完全是为了维护国家的利益，也维护了您平原君的前途。”

平原君怒火中烧，反问道：“你一连杀了我府上九人，怎么能说为了我好？”

赵奢从容镇定地辩解道：“您是赵国的王公贵族，位高权重，又有好的名望，更应该遵守法纪，怎能放纵家人违反国家法律法规呢？如果大家都不遵守国法，都拒不缴纳田赋，就会破坏国家的法规，国法被破坏，国家的实力就会被削弱，这样就会遭到别国的侵略，甚至有灭亡的危险。如果到了那一天，您平原君还能拥有现在的权势和富贵吗？”

见平原君若有所思的样子，赵奢又说：“像您这般拥有卓著的功勋和尊贵的地位的人，如果能带头奉公守法，缴纳田赋，那样天下人就会心甘情愿地缴纳田赋，百姓会对您更佩服，国家也会更强大，更有实力。国家昌盛，这一定也是您平原君最想看到的。您的权势、富贵不会有丝毫损失。”

平原君被赵奢的一席话说得心服口服，他觉得赵奢从国家利益出发，秉公执法，能言善辩，是个贤能的人才。于是，平原君把赵奢推荐给了赵惠文王，让他管理全国赋税。赵奢不负众望，依法治理国家税收，把赵国的赋税治理得井井有条，老百姓的生活也富足起来。后来，赵惠文王进一步重用赵奢，又让他执掌军事大权。赵奢带领军队大胜秦军。从此，赵奢便成为战国时期声名赫赫的大将。

（刘羽　改写）

③ 甘罗十二拜上卿

林汉达

楚公子春申君在武关听说秦国打了败仗跑了，就带着八万大军回到楚国。楚考烈王仍想当霸主，就打发使臣上成周去请求周赧（nǎn）王下令征伐秦国。周赧王管辖的土地还不如最小的诸侯国，而且还分成两半：河南巩城一带叫“东周”，河南王城一带叫“西周”。周赧王答应楚王用周天子的名义去约会列国诸侯。但只有燕、楚派出了很少的兵马，合纵又告吹了。可是，秦国倒找到借口发兵来打成周。西周投降了秦国，周赧王做了俘虏，没多久就死了。打这儿起，西周完了。

秦昭襄王灭了西周，丞相范雎（jū）告退。公元前251年秋天，秦昭襄王病死后，秦孝文王即位。他即位才三天就死了。太子即位，就是秦庄襄王，他用吕不韦为丞相。公元前249年，秦庄襄王又拜吕不韦为大将，发兵十万灭了东周。

秦庄襄王灭了东周才两年，也病死了。吕不韦立十三岁的太子为国君，就是秦王政（后来称为秦始皇），秦国的大权都在吕不韦手里。吕不韦为了进攻赵国，假意跟燕国和好，先打发使者去破坏燕、赵联盟。燕王叫太子丹到秦国去做人质，吕不韦又叫张唐上燕国去当相国。

不料，张唐却推辞说："我曾经率兵攻打过赵国，赵国人都恨死我了，说谁能抓住我，就赏他方圆一百里的地。这次去燕国肯定要经过中间的赵国，我这不是有去无回吗？还是请派其他人去吧！"

吕不韦知道后非常恼火，但一时又想不出更合适的人选。他闷闷不乐地回到家中，一言不发地在窗前站了很久，脸色阴沉得可怕。

再说，吕不韦家有个小门客叫甘罗，是原来秦国丞相甘茂的孙子，甘茂死后，他就投奔吕不韦来了。甘罗见吕不韦不高兴，就上前问道："丞相您有什么不高兴的事吗？"

吕不韦不耐烦地挥挥手，说："去，去，去，小孩子家懂什么！"

甘罗非常自信地说："别看我年纪小，可我从小就在爷爷身边，知道的事很多，或许我能帮您出出主意呢！"

吕不韦觉得这话说得有理，便把事情的前因后果告诉了甘罗。

甘罗听了，拍着胸脯说：“丞相就把这事交给我去办吧，我保证说服张唐。”

吕不韦一开始不相信甘罗的话，但听他说得那么坚定自信，就改了主意，同意让他去试一下。

张唐听说吕不韦的门客来访，连忙出来相见。不料是个乳臭（xiù）未干的小毛孩，态度一下子就变了。

甘罗不慌不忙地说：“我听说从前应侯范雎打算攻打赵国，却遭到了武安君白起的百般阻挠，结果武安君离开咸阳才七里就被赐死了。现在丞相亲自请您去燕国当相国，您却找借口不肯去，您想想他会放过您吗？”

一席话说得张唐浑身直冒冷汗，甘罗心中暗自好笑，又补上一句：“我真不知道您会发生什么意外呢？”

张唐此刻非但不敢看轻这个十多岁的小孩，反而连连感谢他救了自己一命，并且让甘罗转告吕不韦，自己立刻动身前往燕国。

甘罗回去后把事情的经过一五一十地向吕不韦做了汇报，吕不韦非常满意。甘罗担心张唐在经过赵国时会遇到麻烦，请求吕不韦允许他先到赵国去疏通一下。这一次，吕不韦毫不犹豫地答应了，并且他还把这件事报告了秦王，在秦王面前大大夸奖了甘罗一番。

秦王下令召见甘罗，问他见了赵王后说些什么。甘罗答道："现在我不知道赵王将会有什么反应，我只能见机行事了。"秦王很满意，给了他十辆车、百来名仆从，派他出使赵国。

赵王听说秦国派来使者，不敢怠慢，亲自出城迎接。不料这位使者居然是个小孩，就不免小看他。

赵王问："你今年几岁了？"

甘罗回答道："小臣今年十二岁。"

赵王哈哈大笑起来："秦国难道已经没人可派了吗？怎么连十二岁的小孩都派了出来？"

甘罗镇定自若地说："我们秦王用人完全根据他们才能的大小，才能高的人做大事，才能小的人做小事。秦王认为这是小事一桩，所以就派我来了。"

赵王开始不敢轻视他，就问秦王派他来有什么事。

甘罗并没有马上回答，却反问赵王："大王您有没有听说燕国太子丹到秦国做了人质？"

赵王点了点头说："听说了。"

甘罗又问："大王您听说秦国打算派张唐做燕国的相国吗？"

赵王又点了点头。

甘罗这才转入正题："既然您都听说了，您怎么一点也不着急啊？"

赵王问："我为什么要着急呢？"

甘罗说："秦燕两国这么做，说明它们关系十分密切，这样的话，你们赵国就危险了。"

赵王问道："那你看我们赵国该怎么办呢？"

甘罗说："依我看，大王不如把五座城池割给秦国，那样的话秦王自然很高兴，您就趁此机会请求秦王把太子丹遣送回燕国，断绝与燕国的关系。这样的话，凭赵国的实力攻打弱小的燕国绝不成问题，到时您得到的恐怕不仅仅是五座城池了。"

赵王觉得在理。他依照甘罗说的，把河间一带的五座城池割让给了秦国，秦国也把太子丹送回了燕国。赵国立刻出兵攻打燕国，得到了三十座城池，又把其中的十一座送给了秦国。

秦国不费吹灰之力得到了十六座城池，秦王非常高兴，对甘罗大加赞赏，封他为上卿。甘罗凭着自己的聪明才智，在十二岁时就当上了上卿，成为中国历史上的一段佳话。

④ 郑成功收复台湾岛（节选）

曹余章

公元1659年，郑成功联合抗清将领张煌言的部队，率领十多万水军，几千艘战船，开始北伐。但不幸在舟山附近海面遇到飓风，损失八千人，只得暂驻舟山休整。第二年，郑成功再次北伐，接连打下瓜洲和镇江，直抵南京城下，江南许多州县，纷纷起义，响应郑成功。可惜他中了清军南京守将假投降的奸计，没有及时攻下南京城，反被清军偷袭，损失惨重，只好退回厦门。

清军趁势向福建扫荡。郑成功面临兵力、财力的困难，转而准备收复台湾，将那里建成抗清的基地。

台湾在福建对岸，自古就是中国的领土。三十多年前，荷兰人侵入台湾，在宝岛上建筑起两座城堡，一座叫赤嵌城（今台湾省台南市一带），一座叫台湾城（今台湾省台南市安平区），私自在台湾收税，镇压居民的反抗。

郑成功在厦门加紧做收复台湾的军事准备。恰好，在荷兰人手里做翻译的华人何斌（一作何廷斌），受荷兰驻台湾总督揆一的派遣，来与郑成功商量贸易的事。何斌是个爱国的人，他向郑成功反映了台湾人民欢迎大军过海驱逐荷兰侵略者的愿望，又送上一幅荷兰人在台湾军事布防的地图，还有台湾海峡水路图。

这件事，大大坚定了郑成功进军台湾的决心。他不顾一些将领的反对，在公元1661年的农历三月，率大军两万五千人，从金门出发，克服了狂风恶浪的袭击，到达鹿耳门港外。通向岛上的有两条航道，南航道水阔港深，好开大船，但荷兰人早将航道堵塞，防守严密；北航道水面窄，礁石多，大船进不去。但涨潮时，有条很窄的航路，可行大船。荷兰人没有在这里设防。郑成功选择从北航道进港，在何斌的导航下，战舰一条跟着一条，悄悄地驶进禾寮(liáo)港，登上陆地。

大军的到来，使台湾各族民众欢欣鼓舞，他们给大军送水送粮食，提供牛车，热情帮助。郑成功部署军队，迅速将荷兰侵略者盘踞的赤嵌城包围起来。

驻守台湾城的揆一派出水陆两支军队来救援赤嵌城。海上荷军一共有四艘战船，最大的叫“赫克脱”号，威力强大。但郑成功水军灵活机动，勇猛顽强，几十艘战船围住它，一阵猛烈炮击，“赫克脱”号燃起熊熊大火，接着发生爆炸，沉入海底。其余三艘，掉转船头就跑。

陆上一支援军两百多人，由彼得尔上尉率领。彼得尔与一百多名士兵被郑军击毙，其余荷军逃回台湾城。

从此，荷兰侵略者只得龟缩在城堡内。赤嵌城内荷军司令断了援军，又缺水源，先扯起白旗投降。剩下的台湾城，防守非常坚固，炮火猛烈，郑军士兵强攻，伤亡不小。因此，郑成功改变战术，决定将城长期围困，逼荷军投降。

荷兰东印度公司收到逃回去的邮船“玛利亚”号的报告，派来几艘战船救援，又被郑成功水军击败。郑成功在将台湾城围困几个月后，派兵攻占了台湾城外城，让大炮直接对准城里。荷兰总督揆一一看大势已去，不得不开城投降。

公元1662年年初，受降仪式在郑成功军营里举行，郑成功高坐正中，揆一卸下佩剑，脱下军帽，毕恭毕敬地在降书上签下字，带着他的残兵败将，彻底离开了盘踞三十八年的中国宝岛。

郑成功收复了台湾，在岛上建立了一府二县，又从大陆带去了大量的种子、农具和耕牛，组织军队和民众屯田垦荒，发展农业，为进一步开发台湾做出了积极贡献。

日积月累

台湾者，中国之土地也，久为贵国所踞，今余既来索，则地当归我，珍瑶不急之物，悉听而归。

——郑成功

养心莫善寡欲，至乐无如读书。

——郑成功

专题二阅读

中国精神

中国精神是中华民族的灵魂，它植根于中华民族的发展历程中，彰显出强烈的民族凝聚力与时代感召力，鼓舞着一代又一代的中华儿女奋发向上，积极进取。

阅读本专题的文章，感受中国精神，从我做起，从现在做起，做奋发向上、积极进取的新时代的建设者和接班人！

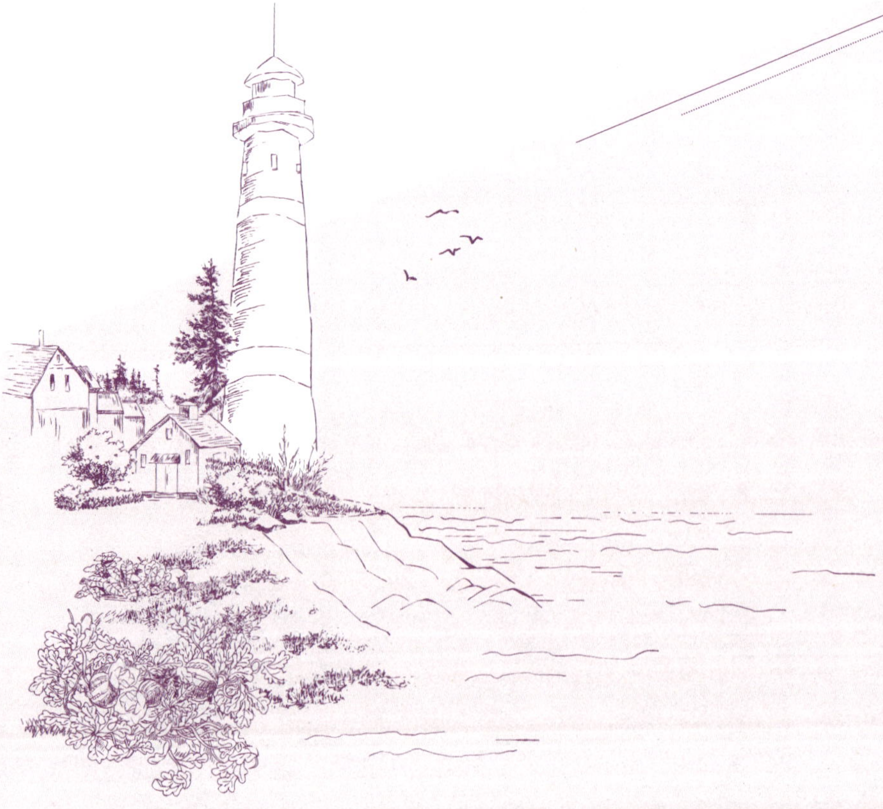

1 崇高的理想（节选）

徐 鲁

大树的怀抱是宽阔而温暖的，无数的小鸟可以在这里快乐地休憩（qì）、聚会、筑巢，大树会伸展苍劲茂密的枝叶，为它们遮挡风霜雨雪。

大树的爱是博大而慷慨的。那些绿草和野花在大树的绿荫下自由地生长和盛开。到了秋天，大树会将自己的落叶化作春泥，用作来年小草和野花们生长的养料。

难以想象，像华罗庚这样名满天下的数学大师，不仅悉心关注和培养王元、陆启铿、陈景润这样的数学俊彦，而且会经常俯下身来，与广大中学生交流，让他们认识数学，喜爱数学。

从新中国成立开始，华罗庚亲自参与和组织了我国中学生的数学竞赛活动。他深知，“少年智则国智”“少年强则国强”。中国的未来，中华民族的希望，在一代代茁壮成长的青少年身上，他们真正像早晨八九点钟的太阳一样！

华罗庚对中学生数学竞赛，从出试题到监考，再到批改试卷，都会亲自参加，不遗余力地去倡导和推动。

有时候，他还会在百忙之中抽出宝贵的时间，在赛前给学生们做演讲。

工作之余，他还挑灯笔耕，为青少年编写了好几本浅显易懂的数学科普读物，如《从杨辉三角谈起》《从祖冲之的圆周率谈起》《从孙子的“神奇妙算”谈起》和《数学归纳法》等。

很多青少年读者是因为读到了这些深入浅出、饶有趣味的数学科普读物，从而对数学产生了强烈的兴趣，进而生发了对古老的中华智慧与文明、对现代科学的探索，对数理知识和其他自然知识的好奇与热爱之心。

华罗庚认为，孩子们从中国古代的数学智慧里获得的，不仅仅是一些数学知识，还可以潜移默化地培养自己的民族自豪感、自信心和热爱祖国的崇高感情。

1962年春天的一个星期天，北京市八十多名高中数学竞赛的获奖者怀着激动的心情，来到了向往已久的中国科学技术大学，见到了他们心中的偶像——正在担任这所大学副校长的华罗庚。

学生们兴奋得像一群落在大树怀抱里的小鸟叽叽喳喳，欢声笑语，整个会议室里热气腾腾，洋溢着蓬勃的青春气息。

“华老师，请您给我们谈谈自学经验吧！”

“华老师，请告诉我们，怎样才能学好数学呢？”

“请问，您是怎样学会独立思考的？”

天真烂漫的学生们提出的问题一个接着一个，让华罗庚应接不暇。

那天，华罗庚觉得自己好像也回到了学生时代，回到了当年缠着王维克老师问这问那的时光。

他鼓励孩子们说，学好数学，也像学习其他科学知识一样，首先要树立远大的理想，要敢于探索别人没有解决的问题，要做好长期吃苦的心理准备。

他告诉孩子们：世界上哪里会有平坦的、笔直的道路可走呢？求知识、做学问，都是漫长艰苦的过程，要学好数学，就得肯花力气，甚至绞尽脑汁，刻苦钻研，付出一般人不肯付出的代价。

他向好奇的孩子们分享了自己学数学的感受和经验：要多做习题，练好基本功，尤其不要轻易丢掉和绕过任何有难度的练习题。假如碰到了解不出来的难题，也不要气馁，暂时放下没关系，只要不放弃，经过一番钻研之后，总会解答出来的。那时候所获得的快乐和自豪感，也是别人无法体会的。

2 爱国的心

闻一多

我心头有一幅旗旆（pèi）
没有风时自然摇摆；
我这幅抖颤的心旌
上面有五样的色彩。

这心腹里海棠叶形
是中华版图的缩本；
谁能偷去伊的版图？
谁能偷得去我的心？

③ 他的遗物

——访北京鲁迅博物馆印象之一

郭　风

那玻璃橱(chú)里，有他的一把布伞，一把使用很久很久了的、补了又补的布伞。

那玻璃橱里，有他的一顶草帽，一件暑天穿用的纺绸长衫，一件冷天穿用的布料长衫。那都是使用很久很久的了。一年里寒暑交替，他好几年好几年里没有增添几件新衣。那顶草帽和那顶毡帽，好像是当时码头上一个搬运工人使用的；草帽几乎已不能成形，褪(tuì)色又破旧，但他一直用它。

那玻璃橱里，有他的一只小匣子，里面放着他的针、线和小剪刀。衣服破损，他便自己缝补。他的那把布伞不是他自己补了又补的吗？他舍不得丢它，再买新的。

那玻璃橱里，有他的一方砚台，好像是旧时代里，一个小镇上私塾里的启蒙学童用的小砚台，只有四个火柴盒合起来那么大。

那玻璃橱里，有他用过的半截普通的墨锭；有他的毛笔；有他削铅笔用的廉价的小刀；有他的一盒里面装着圆规、鸭嘴笔等的绘图仪器，他早期著作的封面，他常常自己设计。

一切俭朴而无华，看着他的日常生活的遗物，他生前的文房四宝，他生前战斗时使用的、给予敌人以致命的射击的笔，不由得不引人反躬自问，令人肃然起敬。

那玻璃橱里，他的每一项遗物，都闪烁着这位中华民族的巨人，这位伟大的革命家、思想家、作家的品格的光辉。他俭朴，到了不能再俭朴的地步。他忘我地劳动，一生没有计较过自己的享用。他，吃的是草，挤出来的却是奶。

那玻璃橱里，他的遗物发人深省。他的遗物和他的革命的勇猛闯将的全部业绩和高贵品质，同时在我们这个时代里射出光辉。

④ 祖国山川颂（节选）

黄药眠

我爱祖国，也爱祖国大自然的风景。

我不仅爱祖国的山河大地，就是一草一木，一花一石，一砖一瓦，我也感到亲切，感到值得我留恋和爱抚。

不要去说什么俄罗斯的森林、英吉利的海、芬兰的湖泊、印度尼西亚的岛群了。中国自有壮丽伟大的自然图画。

我们有头顶千年积雪的珠穆朗玛峰，有莽(mǎng)苍的黄土高原，有草树蒙密的西双版纳，有一望无际的华北平原，有一泻千里的黄河，有浩浩荡荡的扬子江，有兴安岭的原始森林，有海南岛的椰林碧海，有大西北的广阔无垠的青青牧场，还有说不尽的江湖沼泽……

我爱我们祖国的土地！狂风曾来扫荡过它，冰雹曾来打击过它，霜雪曾来封锁过它，大火曾来烧灼(zhuó)过它，暴雨曾来冲刷过它，帝国主义的炮弹也曾轰击过它。不过，尽管受了磨难，它还是默默地坚持着。一到春天，它又苏醒过来，满怀信心地展现出盎(àng)然的生机和万卉争荣的景象。

这是祖国大地对劳动者的回答：光秃秃的群山穿起了墨绿色的衣裳，冈峦变成了翠绿的堆垛，沟谷变成了辽阔葱绿的田园，沼泽变成了明镜般的湖泊，险峻的山峰低头臣服，易怒的江河也愿供奔走……

祖国的山河对我们总是有情的。我们对它们每唱一首歌，它们都总是做出同样响亮而又热情的回响。

《上下五千年》

林汉达　曹余章　等

在华夏广袤的大地上，我们的祖先以伟大的创造力、强大的生命力和巨大的凝聚力世世代代繁衍生息，从远古走到现代，从蒙昧走向文明。《上下五千年》展现了五千多年来，中华民族走过的不寻常的道路，是一套集中国发展史、重大历史事件及名人简介为一体的优秀历史读物。在这套书中，作者选择了一些重要的、著名的人物与事件，根据史籍材料，加以组织和剪裁，用通俗的语言将历史知识融入故事中，知识性与趣味性相结合，对读者了解历史大有助益。

捧读这套《上下五千年》，历史画卷会在你眼前徐徐展开……读完这些故事，你可以按照时间顺序用思维导图的形式做一个故事轴；也可以把自己最感兴趣的故事复述给他人听，复述时要注意抓住关键词句。

作者简介

本书由林汉达、曹余章等共同编写。

林汉达（1900—1972），浙江宁波人，中国文字改革学者、教育家。他学贯中西，致力于汉字改革和文化教育工作，著有包括教育理论著作、文字改革专著、翻译作品以及中国历史读物等多类作品。

曹余章（1924—1996），浙江宁波人，他从少年时期就开始读诸子百家、唐诗宋词，同时习作古诗文。1944年，曹余章考入浙江大学文学院，后一直从事教育工作。他补写并续写了林汉达未完成的《上下五千年》部分文稿，对于《上下五千年》的编写功不可没。

《上下五千年》涵盖政治、军事、科技、文化、经济等诸多方面，讲述了从盘古开天辟地至1949年新中国诞生的中华五千余年的历史故事。这里有斑斓瑰丽的上古神话，有斗智斗勇的春秋战国谋略，有天下一统的秦汉雄风和纷扰不断的三国战事，有气势恢宏的唐宋文化和跌宕起伏的元明清朝代更替，还有近代史上的屈辱与抗争，以及浴火重生的新中国的成立。

三家分晋

再说晋国到了晋顷公时，国君的权力已日渐转移到了卿大夫们的手里了。到了晋出公的时候，历史已进入了战国时期。这时掌握晋国实权的，是赵襄子、韩康子、魏桓子和智伯瑶四个卿大夫了。

晋出公见四卿的权力太大，自己倒成了他们的傀(kuǐ)儡(lěi)，心中很不情愿，就秘密地派人向齐、鲁两国借兵，想消灭四卿。哪知齐、鲁两国出卖了他，不但没有借兵，反将消息告诉了智伯。智伯就和另外三卿共同出兵将出公赶了出去，另立晋昭公的曾孙为国君，这就是晋敬公。

智伯挑头赶走了出公，敬公则完全掌握在他的手中。于是，他的野心越来越大，想独占整个晋国。一日，智伯召集他的亲信秘密商议这件事。谋士<ruby>絺<rt>chī</rt></ruby>疵说：“要达到目标，先要削弱三家的力量。”

“怎么个削弱法呢？”智伯问。

絺疵献计说：“现在东南方的越国势力越来越大。我们就假传敬公的命令，说是为了与越国争霸，让三家各献出一百里土地充作军<ruby>饷<rt>xiǎng</rt></ruby>。他们如同意，我们白得三百里土地；如哪家不同意，就出兵攻打哪家。这办法叫作‘吃水果先削皮’。”

智伯觉得这个办法不错，就让自己的兄弟智开去通知三家割地。韩康子听了，心中十分恼火：明明是你智伯这只老狐狸敲诈勒索，还要打着敬公的牌子！他正要发兵对抗，被手下的谋士段规劝住了：“我们和他硬拼不合算，不如先给他土地，待他再向赵、魏两家要。他们要不乐意，与智伯打起来，我们坐收渔翁之利。”韩康子听从了段规的意见，将一百里土地割让给了智伯。

魏桓子见韩康子没有抵制，也装傻卖乖，将自己的一百里土地割出去了。

只有赵襄子不肯割地。他说："土地是祖先传下来的，怎能随便割让？让韩、魏去讨好智伯吧！"

智伯大怒，就让韩康子、魏桓子与他共同出兵去讨伐赵襄子，并且与两家约定，灭赵后，赵氏的土地由他们三家平分。

赵襄子见三家人多势众，就听从了谋臣张孟谈的建议，撤到晋阳（今山西太原）据守。晋阳是赵氏的封地，城池经赵氏几代的修筑，十分牢固，粮草储备也很充足。更重要的是，城内的百姓抵抗侵略、守住家园的士气很高。但是有一个问题使赵襄子着急起来：由于撤走仓促，所带武器太少，剑戟(jǐ)弓箭十分缺乏。而此时城已被围，根本无法从外面取得。赵襄子急得团团转。还是张孟谈沉着，他到城内的百姓中去了解情况，请大家出谋划策，最后终于找到了解决的办法：将城内宫室大殿上的大铜柱锯下来铸剑戟和箭头；又扒开宫室的内墙，里面都是用荆条、苇秆筑成的，正好拿来做箭杆。这样，武器问题也解决了。军民同心守了一年多，智伯等三家还是攻不破晋阳城。智伯见一直相持不下，他便想出了一条毒计：将晋水上游离城十里处截断，筑堤围坝蓄水，再待雨季一到，开始放水淹掉晋阳。主意一定，他立即命令军士动工。为了使自己的围城军队免遭水淹，他又下令在军营外面筑防水堤坝。这个计划，他也同时通知了韩、魏两家的军队。

果然，一个月后，雨季到来，晋水猛涨，又被堤坝截住，水位就一下子大大超过了晋阳城。智伯一声令下，掘开堤坝，大水就猛扑城内。虽然晋阳城墙坚固，尚未被冲毁，但老百姓的房屋经水一泡，纷纷倒塌，连煮饭的锅灶也没处安了。人们只好躲到地势高的地方避难。

晋阳城危在旦夕了。赵襄子急得如热锅上的蚂蚁。谋臣张孟谈让赵襄子赶紧打造船筏，准备水上作战，一面自己从东门缒(zhuì)城而下，直到韩军大营内去见韩康子，对他说：“我们都是晋国的卿大夫。智伯的野心是要吞并整个晋国，唇亡齿寒，我们赵氏被灭了，就会轮到你们的。”

韩康子被击中了要害，想了一会儿，问张孟谈：“那你要怎么办？”

张孟谈说：“依小臣愚见，不如我们三家联合起来，去攻打智氏，以消除后患。从今以后我们三家太太平平过日子。”

韩康子一时拿不定主意，就让张孟谈留在营内，决定第二天去和围南门的魏桓子商量一下。刚好，第二天智伯邀韩、魏两家去龙山一边察看水情，一边喝酒。喝到兴头上，智伯得意地指着晋阳城说：“我现在才知道水也可以灭亡一个国家的。”说着，又看着韩康子和魏桓子说：“你们的汾水和绛(jiàng)水恐怕也保不了安邑和平阳吧？”

安邑（今山西夏县西北）和平阳（今山西临汾市西南）分别是韩、魏两家封地的城池，智伯的狼子野心昭然若揭。韩康子用手肘碰碰魏桓子，魏桓子用脚踩踩韩康子，两人都敢怒而不敢言。席散之后，韩康子将魏桓子约到自己的营中，将张孟谈请了出来。三人一拍即合，在韩康子营中歃(shà)血为盟，商定共攻智伯。

第二天半夜间，韩、魏两家派军队杀掉智伯守坝的士兵，从西边掘开堵住晋水的堤坝，结果大水反向智伯的军营冲去。智伯的军队大乱。待智伯从睡梦中惊醒过来，水已漫到他的床边，几个亲信赶忙将他扶到木筏上。智伯回头一看自己营内，粮草、兵器漂荡一空，营中军士，正在滚滚波涛中挣扎沉浮。智伯还未醒过神来，只听得鼓声大振，韩、魏两家军队乘着水势从小船上杀来。智伯无力抵抗，急忙带几名随从改乘小船向龙山背后逃去。刚转出山口，赵襄子和张孟谈带领赵家军队突然从山后杀出。赵襄子没费多大力气，就将智伯活捉了。

到第二天天明，智伯的军队全军覆没。赵襄子将智伯斩首，并且与韩、魏两家率军回到晋都绛城，以叛逆的罪名将智伯满门抄斩。智氏的土地，由三家平分。

到公元前403年，晋国的韩、赵、魏三家的继承人韩虔、赵籍、魏斯各派使者去向周威烈王要求独立封侯。周天子实际上早是个空架子了，因此只得照三家的意思分别册封为韩侯、赵侯、魏侯，于是三家分别定都建国，晋国从此便不存在了。

（林汉达）

阅读小贴士

同学们，遇到自己喜欢的故事，可以多读几遍。把你最喜欢的章节分享给小伙伴吧。

讲故事的时候，可以按照事情发展的先后顺序来讲，也可以用事件串联的方法来讲。

活动一　阅读计划

阅读计划表

时间	故事名称（或起始页码）	阅读时长
第1天		
第2天		
第3天		
第4天		
第5天		
第6天		
第7天		
第8天		
第9天		
第10天		

同学们，读书之前请你根据目录，先自己做好“阅读计划表”。读书时要注意故事发展的先后顺序哟！

活动二　阅读分享

我最喜欢的故事

第____篇　第____页　　阅读日期：

故事名称：

主要内容

最喜欢的部分

喜欢的原因

敬　启

为编好这本书，我们与收入本书的作品（含图片）作者进行了广泛联系，得到了各位作者的大力支持。在此，我们表示衷心的感谢。但是，由于个别作者地址不详，虽经多方努力，仍无法取得联系。敬请各位有著作权的作者尽快与我们联系，以便我们支付稿酬，并致谢忱！

我们还要感谢使用本书的师生们。希望你们在使用本书的过程中，能够及时把意见和建议反馈给我们，对此，我们深表谢意，并将给予一定奖励。让我们携起手来，共同完成本书的建设工作。

联 系 人：梁老师　张老师

联系电话：010-58022100

联系邮箱：ztxx2008@sina.com

网　　址：http://www.ywztxx.com

地　　址：北京市海淀区知春路7号致真大厦A座18层

图书在版编目（CIP）数据

慧眼观天下 / 孙传文主编. — 上海：上海教育出版社, 2021.6
ISBN 978-7-5720-0809-2

Ⅰ. ①慧… Ⅱ. ①孙… Ⅲ. ①阅读课—小学—教学参考资料 Ⅳ. ①G624.233

中国版本图书馆CIP数据核字（2021）第142041号

责任编辑 李光卫
封面设计 陈丽娟 王艺霖
著作权人 北京华樾教育科技有限公司

慧眼观天下

孙传文 主编

出版发行 上海教育出版社有限公司
官　　网 www.seph.com.cn
地　　址 上海市永福路 123 号
邮　　编 200031
印　　刷 山东新华印务有限公司
开　　本 720×1010 1/16 印张 36
字　　数 400千字
版　　次 2021年8月第1版
印　　次 2021年8月第1次印刷
书　　号 ISBN 978-7-5720-0809-2/G·0625
定　　价 168.00元

如发现质量问题，请向本社调换 电话 021-64377165